ANÁLISE ECONÔMICA DO DIVÓRCIO

— Contributos da economia ao Direito de Família —

Conselho Editorial
André Luís Callegari
Carlos Alberto Molinaro
Daniel Francisco Mitidiero
Darci Guimarães Ribeiro
Draiton Gonzaga de Souza
Elaine Harzheim Macedo
Eugênio Facchini Neto
Giovani Agostini Saavedra
Ingo Wolfgang Sarlet
Jose Luis Bolzan de Morais
José Maria Rosa Tesheiner
Leandro Paulsen
Lenio Luiz Streck
Paulo Antônio Caliendo Velloso da Silveira

Dados Internacionais de Catalogação na Publicação (CIP)

F383a   Ferreira, Cristiana Sanchez Gomes.
        Análise econômica do divórcio : contributos da economia ao direito de família / Cristiana Sanchez Gomes Ferreira. – Porto Alegre : Livraria do Advogado Editora, 2015.
        139 p. ; 23 cm.
        Inclui bibliografia.
        ISBN 978-85-7348-997-2

        1. Direito de família - Aspectos econômicos. 2. Divórcio - Aspectos econômicos - Brasil. 3. Casamento. 4. Regime de bens. 5. Partilha de bens matrimoniais. I. Título.

        CDU 347.627.2:33(81)
        CDD 346.810166

Índice para catálogo sistemático:
1. Divórcio : Aspectos econômicos : Brasil   347.627.2:33(81)

(Bibliotecária responsável: Sabrina Leal Araujo – CRB 10/1507)

Cristiana Sanchez Gomes Ferreira

ANÁLISE ECONÔMICA DO DIVÓRCIO

— Contributos da economia ao Direito de Família —

Porto Alegre, 2015

© Cristiana Sanchez Gomes Ferreira, 2015

Capa, projeto gráfico e diagramação
Livraria do Advogado Editora

Revisão
Rosane Marques Borba

Imagem da capa
Stockphoto.com

Direitos desta edição reservados por
Livraria do Advogado Editora Ltda.
Rua Riachuelo, 1300
90010-273 Porto Alegre RS
Fone: 0800-51-7522
editora@livrariadoadvogado.com.br
www.doadvogado.com.br

Impresso no Brasil / Printed in Brazil

Aos meus pais, à Mariana e ao Ramiro.
Minha família, minha benção:
sem vocês, nada seria possível.

Agradecimentos

Ao querido Professor Mestre Rolf Madaleno, em cujo escritório, na condição de estagiária, despertei minha paixão pelo Direito de Família e Sucessões. Obrigada por ser minha fonte de inspiração ética e profissional.

Ao Professor Doutor Cesar Viterbo Matos Santolim, pela confiança que depositou em mim e por todas as oportunidades que me foram dadas na constância da orientação deste estudo. Foi-me um brilhante orientador, por quem terei eterna gratidão e apreço.

Ao Professor Doutor Giácomo Balbinotto, por todo o estímulo e credibilidade ofertados na realização desta pesquisa, pelo acervo bibliográfico que colocou à minha disposição e por ter estado sempre presente ao longo desta jornada. A ele, meu imenso muito obrigada.

Ao Professor Doutor Fernando Araújo, pela acolhida e pelo aprendizado oferecido em Lisboa.

A meus amados pais, Artur e Maria Cristina, quem tenho como meus maiores exemplos de vida. Obrigada por sempre terem me feito ir atrás dos meus sonhos e acreditar na carreira que venho construindo.

A meus irmãos, Mariana e Ramiro, e aos meus avós, Milinda, Magda, Sérgio e Ari (*in memoriam*), com quem pude e posso contar, sempre, para tudo.

Ao Francisco, por ter se demonstrado um companheiro para todas as horas.

Ao Garrastazu Advogados, por ser o time que todo o advogado sonha em ter ao lado todos os dias. Que sorte a minha.

Ao Programa de Pós-Graduação em Direito da UFRGS, por toda a dedicação e apoio.

A todos estes, o meu muito obrigada!

Prefácio

No âmbito do Direito de Família, especialmente desde o advento da Lei do Divórcio em 1977, foram produzidas grandes reformas no sistema jurídico nacional, seguindo a tendência internacional da diversidade familiar, que começou a desconstruir a ideologia da família patriarcal, antes centralizada na figura paterna e patrimonial, quando apenas o homem provia sua família e existia somente um modelo legítimo de unidade familiar. A liberdade e a maior autonomia da mulher vêm paulatinamente transformando o perfil da família ocidental, que no passado, era moldada na figura do marido provedor, sujeitando filhos e mulheres à dominação masculina pela dependência econômica. Mudanças surgidas no cenário internacional permitem perceber uma demarcada evolução de certos valores sociais, como sucedeu com a revisão da família patriarcal e o direito ao livre desenvolvimento da personalidade dos integrantes deste novo padrão de família. A igualdade conjugal, certamente fez desaparecer a autoridade marital que o sistema jurídico superado impunha à mulher, tendo os cônjuges e conviventes da atualidade, direitos iguais e deveres obrigatoriamente semelhantes, devendo ambos atuar em benefício da família, vale dizer, as andanças conjuntas do par afetivo, seus projetos e as decisões familiares que venha a adotar, devem ser voltados para preservar a todos os integrantes do núcleo familiar, permitindo cobrir as necessidades básicas da célula familiar, os estudos daqueles que se encontram em formação profissional e para a vida, os alimentos, a saúde e a integral proteção em todas as suas vertentes de compreensão.

As famílias contemporâneas têm muitos desafios para assumir, muitos problemas e crises para resolver diante da mudança social que invadiu o sistema familiar, e impôs as novas conjunturas oriundas da igualdade da mulher, e da sua incorporação ao mercado de trabalho, com o correlato desmembramento da família antes extensa, devendo todos os membros da família construírem pessoalmente os seus próprios sonhos.

As relações afetivas, portanto, sempre tiveram uma obrigatória expressão econômica, não se podendo conceber qualquer rede de múltiplas formas de enlaces distanciada dos seus naturais efeitos materiais, especialmente quando a satisfação das relações humanas depende cada vez mais do *ser* do que do *ter*; e a qualidade humana depende muito mais de *compartilhar* do que de acumular.

No Brasil, tudo se escreve sobre o Direito de Família, contudo, até agora nada se escreveu sobre os seus aspectos econômicos e os reflexos diretos incidentes sobre todas as fases das uniões de cônjuges e conviventes, pois o dinheiro sempre interferiu na aproximação amorosa, política, social e afetiva das pessoas, notadamente, quando na seara das relações humanas o ressentimento pessoal e a falta de solidariedade fazem da vida conjugal uma tarefa muito árida e carente de realização.

No espectro do Direito de Família faltava quem se desincumbisse de versar e com maestria, justamente sobre os efeitos sociais e econômicos das relações de família e dissertasse acerca do custo da formação de um conjunto familiar, seu desenvolvimento, passando também pela hipótese de dissolução do casamento, visto sob seu viés contratual. Nossas escolhas afetivas sempre terão um custo financeiro, pois ao fim e ao cabo o processo de eleição do parceiro nada mais espelha do que a imagem que cada um constrói de sua pessoa e os resultados que a pessoa espera dos investimentos que realizou na construção de seu perfil social, familiar e econômico.

Desta tarefa de desvendar os resultados econômicos destas escolhas encarregou-se Cristiana Sanchez Gomes Ferreira, ao escrever esta sua obra sobre a *Análise Econômica do Divórcio*, fruto do talento intelectual de uma jovem mestra em Direito Privado pela Universidade Federal do Rio Grande do Sul (UFRGS) e, embora nova, trata-se de uma experiente advogada, que atua com exclusividade no Direito de Família e Sucessões, trabalhando no conceituado escritório jurídico Garrastazu, Gomes Ferreira & Advogados Associados, onde também coordena o núcleo de Direito de Família e Sucessões, tanto na matriz em Porto Alegre/RS, como na filial do Rio de Janeiro/RJ. A inteligente autora também é diretora de comunicação do Instituto de Direito e Economia do Rio Grande do Sul (IDERS); diretora do Instituto Brasileiro de Direito de Família da seccional do Rio Grande do Sul (IBDFAM/RS), no qual integra a Comissão de Relações Acadêmicas, e é coordenadora dos Cursos de Capacitação em Direito de Família e Sucessões da Escola Superior da Advocacia (ESA) - OAB/RS. É também, professora de Pós-Graduação em Direito Civil e Processo Civil, com ênfase no Direito de Família e Sucessões, que é seu segmento de pesquisa e de destacada atuação profissional. Não bastassem todas suas qualidades de advogada e escritora, merece evidência a sua desenvoltura como palestrante, e as apresentações que faz de trabalhos em eventos locais, nacionais e internacionais.

Esta abordagem econômica do casamento e da sua dissolução, embora grassasse sobre todos os níveis da legislação brasileira pelo prisma dos seus efeitos materiais provenientes da vida conjugal de duas pessoas, as quais, embora unidas pelo amor e pelo afeto exercem atos relacionados com a compra e venda de bens, com a eleição de um regime patrimonial, e que por vezes constituem sociedades empresárias, e se tornam recíprocos credores ou devedores de alimentos, e em suma, são pessoas que guardam obrigações pecuniárias com relação a seus filhos e outros dependentes, e que também pactuam por antecipação e prevenção, os efeitos patrimoniais decorrentes da eventual dissolução de seus relacionamentos, mas estas implicações, estranhamente, antes da excelente doutrina de *Cristiana Sanchez Gomes Ferreira* nada havia que respondesse inteiramente a tantas e diferentes inquietações.

Porto Alegre, julho de 2015.

Rolf Madaleno
www.rolfmadaleno.com.br

Sumário

Introdução 15

1. Casamento e regimes de bens 19
    1.1. As novas tipologias familiares 19
    1.2. O casamento como um contrato 28
    1.3. O pacto antenupcial e suas funcionalidades 37
    1.4. Regimes de bens: espécies e particularidades 43

2. Os reflexos socioeconômicos do divórcio 55
    2.1. Formas de Dissolução do Casamento 55
    2.2. A Emenda do Divórcio e seus efeitos jurídicos 61
    2.3. Dos alimentos entre cônjuges e companheiros 68
    2.4. Aspectos práticos: soluções jurídicas patrimoniais e contratuais 77

3. Teoria econômica do casamento e da escolha do regime de bens 89
    3.1. Existência e operacionalização do "mercado de casamento" 90
    3.2. Uma análise econômica do casamento como contrato 97
    3.3. A teoria da sinalização e o mercado matrimonial 101
    3.4. A escolha do regime de bens sob a ótica da *law and economics* 106

4. Análise econômica da dissolução do vínculo conjugal 113
    4.1. Considerações acerca da assimetria informativa no casamento:
        seleção adversa e *moral hazard* 113
    4.2. O divórcio como escolha: dialética entre custos e benefícios 117
    4.3. Aplicação do Teorema de Coase na dissolução do casamento:
        alternativas para a redução dos custos de transação 120

Síntese conclusiva 129

Referências 133

Introdução

Como a própria designação sugere, a Análise Econômica do Direito (AED) – *Law and Economics* – consiste na aplicação dos princípios da análise econômica aos problemas do Direito. Conforme Ivo Gico Jr., "a abordagem econômica serve para compreender toda e qualquer decisão individual ou coletiva que verse sobre recursos escassos, seja ela tomada no âmbito do mercado ou não".[1] Tendo-se a economia, pois, como a ciência que estuda como os indivíduos, portadores de suas preferências, se comportam para maximizar seu bem-estar em um mundo no qual os recursos são escassos, a Análise Econômica do Direito objetiva empregar seus ferramentais teóricos a fim de balizar a edição e aplicação das regras jurídicas, provendo uma explicação pragmática às consequências da incidência normativa no comportamento dos agentes.

De acordo com Cooter e Ullen, "podemos dizer que a economia fornece uma teoria comportamental para prever como as pessoas reagem às leis".[2] Afirma-se, assim, que o objeto de estudo da Economia não mais se limita a questões relacionadas à produção, comércio e distribuição de rendimento. Desde a década de 60, seu objeto tem alargado progressivamente o seu âmbito, sendo constituído, atualmente, por todos os fenômenos sociais que envolvam escolhas sobre a utilização dos recursos.

A Ciência Econômica parte da premissa de que os indivíduos buscam seus objetivos a partir da escolha de determinadas formas de atuação, fenômeno denominado de "racionalidade".[3] Desta forma, considerando que o casamento e o divórcio resultam de escolhas racionais tomadas pelos indivíduos que almejam, assim, maximizar seu bem-estar, muito tem a *Law and Economics* a contribuir para a compreensão

---

[1] GICO JUNIOR, Ivo. Introdução ao Direito e Economia. TIMM, Luciano Benetti (org.). *Direito e Economia no Brasil*. São Paulo: Atlas, 2012. p. 13.

[2] COOTER, Robert; ULLEN, Thomas. *Direito e Economia*. 5. ed. Porto Alegre: Bookman, 2010, p. 25.

[3] FRIEDMAN, David D. *Price Theory*. Chicago: South-Western Publishing Co.1986. p. 02.

da escolha dos parceiros conjugais no chamado "mercado de casamento", da eleição do adequado regime de bens e da opção pelo divórcio como alternativa quando os custos de mantença da união superam seus benefícios.

Na atualidade, o afeto é o vetor que norteia a busca de adequadas soluções às questões ligadas ao Direito de Família, notadamente no que diz respeito ao reconhecimento jurídico de uma entidade familiar. Todavia, tal circunstância não refuta a possibilidade de uma abordagem calcada na interdisciplinaridade das ciências jurídica e econômica, como método que visa a conferir explicações de cunho pragmático a fenômenos tutelados por este específico ramo do Direito. Não se está, pois, a reduzir ou menosprezar a relevância do afeto neste contexto; muito pelo contrário, está-se a também reconhecer o valor econômico do amor que permeia um núcleo familiar.

A disciplina da *Law and Economics* ganhou rigor metodológico, inicialmente, nos Estados Unidos, através de trabalhos desenvolvidos nas universidades americanas de Chicago, Yale e Berkeley, tendo como grandes expoentes Richard Posner, Gary Becker e Henry Manne, dentre outros.

A despeito do crescimento dos estudos da AED no mundo, no Brasil a sua evolução ainda ocorre de forma deveras tímida. Conforme informações coletadas pela Fundação Getúlio Vargas (FGV) – Rio de Janeiro,[4] a partir dos anos 2000 houve um significativo crescimento de cursos de pós-graduação que contemplam questões de Análise Econômica do Direito no Brasil. Na esteira deste crescimento, algumas instituições vêm se destacando no âmbito nacional, tais como a Associação Brasileira de Direito e Economia (ABDE), Instituto de Direito e Economia do Rio Grande do Sul (IDERS), Associação Mineira de Direito e Economia (AMDE), Associação de Direito e Economia do Paraná (ADEPAR) e Associação Nordestina de Direito e Economia (ANDE). No ano de 2007, o Brasil sediou a conferência anual internacional da Associação Latino-Americana e do Caribe de Direito e Economia (ALACDE), evento tradicional que conta com a participação de estudiosos de AED do mundo todo.

Em 2011, o Supremo Tribunal Federal (STF) sediou o evento "Direito, Economia e Desenvolvimento", idealizado pelo Ministro Ricardo Lewandowsky, no qual foi destacada a importância das ferramentas da Economia para o aprimoramento das decisões judiciais e seus impactos, a motivar a análise dos custos e benefícios, por exemplo,

---

[4] PORTO, Antônio José Maristrello; GRAÇA, Guilherme Mello. *Análise Econômica do Direito – Caderno de Graduação da Fundação Getúlio Vargas* – 2013.2.

na adoção de determinados comportamentos por parte dos indivíduos. Apesar das numerosas iniciativas promovidas, o alcance da AED no Brasil ainda se encontra em expansão, tendo um longo caminho a percorrer.

A presente obra busca abordar a aplicação do ferramental da AED ao Direito de Família, campo este pouco explorado pela *Law and Economics* até então. O estudo é dividido em quatro capítulos: nos dois primeiros, abordar-se-á o vínculo conjugal sob uma perspectiva estritamente jurídica, enfatizando-se os aspectos econômicos do casamento e da união estável, tais como a eleição e incidência dos regimes de bens – a perpassar pelo estudo do pacto antenupcial –, alimentos entre cônjuges e companheiros e aspectos práticos de maior recorrência no âmbito da partilha de bens, os quais são carentes de um maior enfrentamento por parte da doutrina pátria.

Nos dois últimos, será então dado enfoque aos institutos sob o paradigma da Análise Econômica do Direito, quando então se buscará aferir as reais contribuições desta ciência interdisciplinar aos temas aqui tratados.

1. Casamento e regimes de bens

1.1. As novas tipologias familiares

O casamento, em sua atual concepção, é fruto de um gradual processo de organização institucional da sociedade. Sua origem remonta aos primórdios da humanidade, quando o homem, norteado por seus mais elementares instintos, agia conforme sua atração sexual e concupiscência inata.[5]

O conceito de casamento não é – e jamais será – imutável, ajustando-se aos anseios, crenças e filosofia da sociedade. Entretanto, sua relevância é estanque no tempo, muito embora nossa sociedade atual conviva com cada vez mais novas e distintas espécies de arranjos familiares. Não é mais a família matrimonializada a única destinatária de proteção jurídica.

Foi a Constituição Federal brasileira de 1988 que principiou o processo de dissociação da ideia de família como aquela originada tão somente no matrimônio, edificada como monogâmica, parental, patriarcal e patrimonial.[6] Para Rolf Madaleno:

> A nova família foi desencarnada do seu precedente elemento biológico para ceder lugar aos vínculos psicológicos do afeto, consciente a sociedade que, na formação da pessoa humana, os valores como a educação, o afeto e a comunicação contígua guardam muito mais importância do que o elo de continuidade.[7]

Na atualidade, tem-se o afeto como o principal elemento a indicar a formação de um núcleo familiar juridicamente concebido. Neste novo arquétipo, redesenha-se a família como o conjunto de seres interligados pelo bem-querer e pelo sentimento de identidade que substancialmente os une.

---

[5] RIZZARDO, Arnaldo. *Direito de Família.* 8. ed. Rio de Janeiro: Forense, 2011. p. 17.

[6] MADALENO, Rolf. *Curso de Direito de Família.* 4. ed. Rio de Janeiro: Forense, 2008. p. 5.

[7] Ibidem, p. 6.

Nitidamente, evoluiu-se para um estágio em que o *affectio familiae* passou a ser o elemento norteador ao reconhecimento de uma unidade familiar, valorada de maneira instrumental, como um verdadeiro núcleo de promoção da dignidade e da realização pessoal de seus membros, desvinculada da família estruturada por pai, mãe e filho(s), notadamente do paradigma da família matrimonial, derivada do casamento.[8]

Dentre os arranjos familiares reconhecidos pelo ordenamento jurídico e abordados pela doutrina, alguns requerem especial atenção. A começar pelas famílias informais, construídas por indivíduos que, despidos de vínculo matrimonial, unem-se afetiva e fisicamente, como se casados fossem. O Código Civil de 1916 não reconhecia qualquer entidade familiar que não a formada pelos *laços sagrados* do casamento. Aliás, recebiam a roupagem de "concubinas" as uniões não matrimonializadas, estigmatizadas pelo legislador como inexistentes.[9]

Paulatinamente, acompanhando a evolução dos costumes e disseminação de novos ideais, passou-se a reconhecer a união informal, sendo-lhe concedida a nomenclatura de "união estável". A Constituição Federal de 1988 concebeu expressa proteção jurídica à entidade familiar assim formada, deixando de fazer referência ao casamento como a única fonte originária de uma verdadeira família. Desde muito antes disto, todavia, que esta hermética visão do casamento como fonte exclusiva da família estava fadada à mudança no âmbito do direito positivo, tendo-se em vista a longevidade da população, a emancipação feminina, perda da força do cristianismo, liberação sexual, impacto causado pela evolução dos meios de comunicação, descobertas no campo da biogenética e própria redução do número de filhos (decorrente da sofisticação dos métodos contraceptivos). Além disto, a industrialização e sua influência na produção não poderia deixar de afetar o Direito de Família e nele repercutir, ampliando os horizontes da cultura humana.[10]

O Brasil ratificou, em 1984, a Convenção sobre a Eliminação de Todas as Formas de Discriminação contra a mulher, contudo formulou reserva à igualdade na família entre homens e mulheres, apresentando como justificativa o Código Civil de 1916, o qual consagrava a família como patriarcal, imputando ao homem a tarefa da chefia da

---

[8] ROSA, Conrado Paulino da. *iFamily: um novo conceito de família?* São Paulo: Saraiva, 2013.

[9] DIAS, Maria Berenice. *Manual de Direito das Famílias*. 8. ed. São Paulo: Revista dos Tribunais, 2011. p. 167.

[10] GAMA, Guilherme Calmon Nogueira da. A função Social da Família e a jurisprudência brasileira. In: MADALENO, Rolf; MILHORANZA, Mariângela Guerreiro (coord.). *Atualidades do Direito de Família e Sucessões*. Sapucaia do Sul: Notadez, 2008. p. 117.

sociedade conjugal. O advento do Estatuto da Mulher Casada (Lei n. 4.121/62) representou o início da luta pela igualdade de direitos entre homens e mulheres no país, alavancando um processo de democratização permeado por consideráveis vitórias femininas tanto no âmbito doméstico quanto no âmbito profissional. Dito Estatuto cessou com a incapacidade da mulher, oportunizando a ela que buscasse seu próprio espaço no mercado de trabalho, conferindo-lhe também o usufruto de uma parte dos bens deixados pelo marido falecido e o direito real de habitação (o chamado usufruto vidual, instituído no art. 1.611 do Código de 1916, cujo correspondente no atual Código de 2002 é o art. 1.831). O Estatuto ainda concedeu à mulher desquitada a guarda dos filhos menores, mesmo quando reputada culpada na ação de desquite.[11]

Subsequentemente, com a promulgação da chamada Lei do Divórcio, em 1977, garantiu-se ainda mais direitos à mulher, permitindo-se aos cônjuges a possibilidade de acabar com o casamento. Como decorrência lógica, tais importantes mudanças culminaram em alterações no relacionamento pessoal entre os cônjuges, trazendo a contribuição financeira da mulher para a renda da família e inserindo toda uma gama de novas atribuições e modificações nos papéis do casal.

Nessa quebra de paradigma, a Constituição Federal de 1988 – considerada a mais democrática das Constituições Federais brasileiras – trouxe o princípio da igualdade como medida a democratizar a célula familiar. O casamento passou a ser regido pelos princípios constitucionais da dignidade da pessoa humana, da liberdade e da igualdade, impondo-se fim à ideologia da família patriarcal, machista e sexista. A família mudou. Atualmente, não há como falarmos sobre ela sem termos em mente que a comunhão de vida se consolidou no valor da afetividade, e não mais no poder marital e patriarcal.

As relações familiares passaram a nortear-se pela dignidade de cada de seus membros, em observância aos direitos de personalidade. Os princípios da afetividade, solidariedade familiar, paternidade responsável, proteção integral da criança e do adolescente (consagrado pelo Estatuto da Criança e do Adolescente – Lei nº 8.069/1990) e da isonomia entre os filhos (não mais se segregando a categoria filial em

---

[11] LOPES, Wanessa Kelly Pinheiro. *Abordagem Constitucional sobre o Princípio da Igualdade dos Conjuges no Casamento Civil*. Disponível em <http://www.ambito-juridico.com.br/site/?n_link=revista_artigos_leitura&artigo_id=6583&revista_caderno=14>. Acesso em 02/05/2014.

filhos "legítimos" e "ilegítimos) são apenas alguns dos vetores axiológicos que passaram a permear o novo cenário jusfamélico.[12]

Perante a atual concepção, mais do que isto, a família fundamenta-se na constatação de requisitos de afetividade, durabilidade, estabilidade, ostensibilidade e intuito de sua própria formação, elementos estes que, efetivamente presentes, vêm a configurá-la.[13]

No § 3º[14] do art. 226 da Constituição Federal, há expressa menção à união estável como entidade familiar reconhecida pelo ordenamento jurídico, impondo-se o dever de a legislação facilitar a conversão desta em casamento. Subsequentemente, as Leis nº 8.971/94 e 9.278/96 regulamentaram o novo instituto, assegurando aos companheiros direitos a alimentos, sucessão e instituindo o direito real de habitação do companheiro supérstite sobre o bem imóvel utilizado como residência familiar, observados certos requisitos para tanto.

Vejamos que, se por uma via a Carta Magna reconheceu conferiu proteção jurídica à união estável, por outra desigualou expressamente uniões matrimonializadas das informais, impindo ao Estado o dever de "facilitar" a conversão destas em casamento. Ora, afinal, por que deveria prezar o Estado por tal conversão se ditas espécies de famílias gozassem, efetivamente, do mesmo prestígio legal?

A despeito dos enérgicos esforços jurisprudenciais e doutrinários visando a equalizar união estável e casamento, irretorquível a presença de substancial distinção: a primeira prescinde de formalidade que demarque, explícita e previamente, o termo inicial da união, podendo, inclusive, ser reconhecida anos após seu término, em ação judicial para esta finalidade específica; já o matrimônio, ainda no plano da existência, requer a lavratura de sua respectiva certidão, ato que ostensivamente demarca seu nascedouro jurídico.

Mesmo a escritura de união estável, frise-se, não faz prova absoluta acerca de sua existência – mas sim relativa –, haja vista não tratar a união estável de "ato", mas de "fato", sendo somente a constatação prática da presença de seus requisitos que guarnecem de segurança jurídica a união vivida. De acordo com Rolf Madaleno:

---

[12] GAMA, Guilherme Calmon Nogueira da. A função Social da Família e a jurisprudência brasileira. In: MADALENO, Rolf; MILHORANZA, Mariângela Guerreiro (coord.). *Atualidades do Direito de Família e Sucessões*. Sapucaia do Sul: Notadez, 2008. p. 119-120.

[13] DIAS, Maria Berenice. *Manual de Direito das Famílias*. 8. ed. São Paulo: Revista dos Tribunais, 2011. p. 169.

[14] Art. 226, § 3º, da CF/88: Para efeito da proteção do Estado, é reconhecida a união estável entre o homem e a mulher como entidade familiar, devendo a lei facilitar sua conversão em casamento.

É fácil deduzir, portanto, que a configuração da união estável independe e está desatrelada de um formal contrato de convivência, como casamento de fato que é, sua formação acontece aos poucos, dia após dia, agindo como se casados fossem e respaldado na convivência pública, contínua e duradoura, estabelecida com o objetivo de constituição de família.[15]

Ainda, complementa o mesmo autor:

Embora seja inquestionável que o contrato de convivência com expressa previsão legal tenha valor entre os contratantes, também é inquestionável que está destituído de qualquer repercussão erga omnes, não podendo e nem sendo concebível que a situação jurídica contratada e livremente emoldurada pelos conviventes imponha-se sobre terceiros e mais do que isso, torne insofismável e como verdade absoluta, inconteste e insuplantável, o seu conteúdo contratual.[16]

Mister referir que é no Direito Sucessório que se verifica a maior discrepância no tratamento conferido ao companheiro e ao cônjuge, sendo o primeiro nem mesmo considerado pela lei como herdeiro necessário.[17] O cenário é cruel ao companheiro, subjugado por uma legislação civil que desatende aos preceitos contidos na própria Constituição Federal, e que assim confere tratamento notoriamente privilegiado aos casados. A intolerável diferença de tratamento é abordada por Maria Luiza Póvoa Cruz:

O projeto do Código Civil atual é de 1975, e o anterior a ele não protegia a união estável em lugar algum. Dessa forma, trazê-la para o Código Civil, mesmo em desvantagem, era avanço. Mas a Constituição de 1988 andou mais rápido, adiantou os passos, igualou o companheiro ao cônjuge. Aí, em 2002, o artigo 1.790 do Código Civil nasceu velho. Felizmente, magistrados, numa visão civil constitucional do ordenamento jurídico, têm afastado a aplicabilidade do artigo 1.790 do Código Civil, pela flagrante violação aos princípios constitucionais mencionados. Entretanto, há os aplicadores do direito que, sob uma ótica civilista, entendem que a não aplicação do artigo 1.790 do Código Civil faria julgados contra legem. Se o julgador for constitucionalista, o companheiro poderá herdar como o cônjuge; se for civilista, herdará só os bens onerosos, sob a "mira" do artigo 1.790 – terreno movediço.[18]

A Constituição Federal de 1988 novamente inovou ao chancelar a existência jurídica das *famílias monoparentais*, formadas por apenas um dos progenitores e a descendência.[19] Para que haja configuração

---

[15] MADALENO, Rolf. Escritura pública como prova relativa da união estável. Disponível em <http://www.rolfmadaleno.com.br/novosite/conteudo.php?id=41>. Acesso em 10. Abr. 2015.

[16] Ibidem.

[17] Art. 1.845 do CC/02: São herdeiros necessários os descendentes, ascendentes e o cônjuge.

[18] CRUZ, Maria Luiza Póvoa. Diferenças na Sucessão do Casamento e da União Estável. Disponível em <http://asmego.org.br/2013/06/06/diferencas-na-sucessao-do-casamento-e-na-uniao-estavel/>. Acesso em 02/05/2014.

[19] Art. 226, § 4º, da CF/88: Entende-se, também, como entidade familiar a comunidade formada por qualquer dos pais e seus descendentes.

da família monoparental, imprescindível que coabite unicamente um dos genitores e a prole, sem a presença de outro companheiro ou de novo parceiro afetivo.[20]

Nesta análise, constata-se facilmente que as espécies familiares existentes na atualidade não se restringem àquelas expressamente descritas pela Constituição Federal de 1988 (matrimonial, informal e monoparental). Ora, afinal, conforme salientado, presentes os pressupostos de afetividade, durabilidade, estabilidade e ostensibilidade não há como se negar tutela aos efeitos jurídicos da formação da unidade familiar, porquanto o requisito para sua constituição deixou de ser jurídico e passou a ser fático, calcado no afeto, autenticidade, amor, compreensão, diálogo, paridade e realidade que une os seus membros.[21]

Embora não prevista na Carta Magna, merece especial atenção a denominada *família reconstituida* – também apelidada de *família mosaico* ou *família pluriparental* –, nestes moldes bem conceituada por Waldyr Grisard Fillho:[22]

> Entende-se por família reconstituída a estrutura familiar originada de um novo casamento ou de uma nova união, depois de uma ruptura familiar, quando um ou ambos os integrantes do novo casal tem filho ou filhos de uma relação precedente. De uma forma mais simples, é a entidade familiar na qual um dos adultos, ao menos, é um padrasto ou uma madrasta. Ou, ainda, é a família na qual ao menos uma das crianças de uma união anterior de um dos cônjuges vive sobre o mesmo teto.

Enquanto as famílias *reconstruída* e *monoparental* são necessariamente formadas por agrupamento de indivíduos detentores de liame familiar ascendente-descendente, a anaparental parte da premissa de que a diferença geracional não constitui óbice à formação de um núcleo familiar. Trata de espécie formada a partir da coabitação de irmãos e/ou primos, por exemplo, sendo comum quando o intuito é a divisão de despesas de moradia em localidade onde se desempenha estudos universitários, o que é muito recorrente.[23]

Arranjo também existente trata da família solidária, na qual o objetivo de concretização da felicidade inter-pessoal de seus membros é o elemento-chave para sua formação e persistência no tempo. A espécie caracteriza-se pela comunhão de vidas, de afeto e de soli-

---

[20] MADALENO, Rolf. *Curso de Direito de Família*. 4. ed. Rio de Janeiro: Forense, 2008. p. 9.

[21] ROSA, Conrado Paulino da. *iFamily: um novo conceito de família?* São Paulo: Saraiva, 2013. p. 47.

[22] GRISARD FILHO, Waldyr. Famílias reconstituídas: novas relações depois das separações: parentesco e autoridade parental. *Revista IOB de Direito de Família*, São Paulo, v. 9, n. 47, p. 35, abr./maio 2008.

[23] ROSA, op. cit., p. 67.

dariedade, prescindindo de qualquer vínculo solene ou consanguíneo para sua existência.[24] Assim, esta surge, por exemplo, quando pequeno grupo de amigos passa a residir juntamente em determinada cidade, tendo no grupo ali formado sua principal referência de seus valores, identidade e afeto.

Indivíduos do mesmo sexo que se unam afetivamente formam a modalidade homoafetiva familiar. A partir de dois específicos julgamentos,[25] ambos datados de 2011, é permitido, no Brasil, o casamento entre indivíduos do mesmo sexo de forma direta, bastando o atendimento das formalidades inerentes ao procedimento de habilitação nupcial em cartório de registro civil. Ainda, em maio de 2013, o Conselho Nacional de Justiça aprovou a Resolução n. 175, a qual veda às autoridades competentes a recusa de habilitação, celebração do casamento civil ou de conversão de união estável entre pessoas do mesmo sexo, sob pena de imediata comunicação ao respectivo juiz corregedor para as providências cabíveis.[26]

Em razão da necessária limitação temática da presente obra, e em virtude da notória importância do tema das famílias homoafetivas no cenário atual, não será a matéria diretamente abordada, sob pena de conferir-se um tratamento superficial a assunto de especial relevo, sobretudo em plena era de quebra de paradigma discriminatório por orientação sexual dos indivíduos. Assim, com base nas modificações trazidas ao ordenamento jurídico (máxime a partir das emblemáticas decisões ora referidas), afirma-se que o conteúdo em abordagem aplica-se, igualmente, a tais espécies familiares, advogando-se por uma postura de tratamento equânime entre uniões estáveis e casamentos hetero e homoafetivos.

Fala-se já também nas chamadas famílias poliafetivas. Conforme foi declarado na imprensa, no mês de agosto de 2012, um homem e

---

[24] DIAS, Maria Berenice. *Manual de Direito das Famílias*. 8. ed. São Paulo: Revista dos Tribunais, 2011. p. 55.

[25] O Supremo Tribunal Federal, mediante julgamento da ADPF nº 132-RJ e a ADI nº 4.277/DF, concedeu, em maio de 2011, reconheceu e chancelou juridicamente a união pública, contínua e duradoura formada entre pessoas do mesmo sexo como uma verdadeira família; complementando e indo ainda mais além, o Superior Tribunal de Justiça, em novembro do mesmo ano, no julgamento do Resp. de nº 1.183.378-RS, reconheceu a possibilidade do "casamento-direto" entre pares homoafetivos, condicionado, tão somente, à habilitação e atendimentos dos proclames cartorários, sem a necessidade de ingresso de ação judicial para conversão de união estável em casamento.

[26] A respeito do tema, vide: THOMÉ, Liane Maria Busnello; CRESCENTE, Mateus Gasparotto. A união homossexual e a omissão legislativa acerca do seu reconhecimento no Direito Brasileiro. In: ROSA, Conrado Paulino da; THOMÉ, Liane Maria Busnello (Org.). *O papel de cada um nos conflitos familiares e sucessórios – ensaios sobre direito de família e sucessões*. Porto Alegre: Instituto Brasileiro de Direito de Família (IBDFAM/RS), 2014.

duas mulheres, da cidade de Tupã, no interior de São Paulo, registraram em cartório uma escritura pública de união poliafetiva, onde as três pessoas decidiram declarar publicamente a vida a três.[27] A despeito de a monogamia ainda ser tida como "regra" no ordenamento jurídico, verifica-se que não existe regra legal que expressamente proíba tal situação, sob a máxima noção da legalidade no âmbito privado, a qual determina que "o que não está proibido, está permitido". Sob tal perspectiva, inegável possa-se estar perante o início do processo de reconhecimento jurídico de mais uma entidade familiar pertencente à atual concepção pluralista.

Tema de manifesta relevância é o das famílias simultâneas e seus reflexos jurídicos. A despeito da prevalência, em nossa cultura ocidental, da monogamia, tida como um padrão de conduta socialmente institucionalizado, arquitetada pela doutrina como um verdadeiro axioma (embora não alçada expressamente na Constituição Federal) inegável a existência de organizações familiares "paralelas", mas ao menos um membro é comum a dois ou mais núcleos familiares.[28]

Muito embora a maior parte dos tribunais brasileiros ainda resista a atribuir efeitos jurídicos a ditos acervos familiares, tendo por "relação concubina" toda a união posterior à primeira e que a ela seja contemporânea (com respeitáveis exceções),[29] a doutrina vem se desenvolvendo fortemente no sentido de outorgar efeitos jurídicos a ambos os arcabouços formados em determinadas e específicas hipóteses.

Neste sentido, a jurista gaúcha Letícia Ferrarini, ao dissertar sobre o tema, ressalta a diferença entre as uniões estáveis putativas e as uniões paralelas. Para a autora, enquanto que nas uniões estáveis putativas ambas as famílias encontram-se em um estado de ignorância, sem uma saber da outra (com exceção do componente comum

---

[27] A notícia chocou todo o país, sendo muitas as respeitáveis manifestações infensas e favoráveis à "nova" espécie de arranjo familiar.

[28] Sobre o tema, vide: SILVA, Alt. Daniel da. Autonomia Privada: uma faceta a serviço das famílias simultâneas. In: ROSA, Conrado Paulino da; THOMÉ, Liane Maria Busnello (Org.). *O Direito do lado esquerdo do peito – ensaios sobre direito de família e sucessões*. Porto Alegre: Instituto Brasileiro de Direito de Família do Rio Grande do Sul (IBDFAM/RS), 2014, p. 167-183.

[29] APELAÇÃO CÍVEL. AÇÕES DECLARATÓRIAS CONEXAS RELATIVAS A UNIÕES ESTÁVEIS SIMULTÂNEAS. COMPANHEIRO FALECIDO. Evidenciado, a partir do conjunto probatório, que ambas as autoras mantiveram união estável com o de cujus, inclusive com prole e com todos os contornos que lhe são peculiares convivência pública, contínua e duradoura e estabelecida com o objetivo de constituição de família a procedência das duas demandas mostra-se inafastável, impondo-se, pois, reconhecer a existência de relações paralelas caracterizando ambas união estável, como definido em lei. NEGARAM PROVIMENTO A TODOS OS RECURSOS. (Apelação Cível nº 70024427676, Oitava Câmara Cível, Tribunal de Justiça do RS, Relator: Alzir Felippe Schmitz, Julgado em 16/10/2008)

dos dois núcleos), as famílias paralelas são permeadas pela boa-fé objetiva, agindo os indivíduos com honestidade, lealdade e probidade entre si, cientes, todos, do paralelismo instaurado. Para seu reconhecimento, além da presença da boa-fé, há que se aferir a existência de afetividade, coexistência, estabilidade e ostentabilidade plena da relação paralela:[30]

> Essa ostentabilidade plena deve se apresentar amplamente no meio social, sendo a relação formada entre os sujeitos objetivamente, aferível, de modo explícito, por qualquer observador, como de natureza familiar. (...) Ainda que tal requisito limite sobremaneira a respectiva proteção de relações conjugais paralelas, considerando-se que não se pode conceber como família determinada situação simultânea que não seja, ao menos, tolerada pelos componentes dos dois núcleos conjugais dotados de um membro comum.

Conrado Paulino da Rosa inova ao sugerir a existência de um novo conceito de família, o qual denomina de "iFamily". De acordo com o autor, pode a estrutura ser formada em caráter provisório ou definitivo. A primeira se opera quando "algum dos integrantes de uma estrutura familiar (explícita ou implicitamente arrolada no texto constitucional) afasta-se do convívio dos seus para atender a algum compromisso familiar ou, até mesmo, ao cuidado de algum parente enfermo",[31] enquanto aquela em caráter definitivo formata-se, por exemplo, em virtude da aprovação dos cônjuges em concursos públicos em diferentes Estados da Federação ou perante a necessidade de disponibilidade de viagens e moradia fora do Brasil, tal como ocorre no caso de diplomatas.[32] Ressalta, em qualquer destas hipóteses, ser a família *on line* (*iFamily*) agregada de uma nova característica: ubiquidade. A entidade, carente de proximidade espacial no sentido territorial, requer, para a concretização da felicidade de seus membros, uma proximidade e manifestação permanente de afeto, ainda que pela via *on line*.[33]

Em qualquer espécie familiar aqui apontada, seja prevista pela Constituição Federal de forma expressa ou de forma implícita, tem-se a felicidade de seus membros e sua realização em todas as esferas da vida como o *telos* de sua existência contemporânea, recebendo o gênero congregador dos núcleos ora referidos a denominação de *famílias*

---

[30] FERRARINI, Letícia. *Famílias Simultâneas e Seus Efeitos Jurídicos* – Pedações da Realidade em Busca da Dignidade. Porto Alegre: Livraria do Advogado, 2010, p. 114-115.

[31] ROSA, Conrado Paulino da. *iFamily: um novo conceito de família?* São Paulo: Saraiva, 2013, p. 122.

[32] Idem, p. 123.

[33] Idem, p. 124.

eudeimonistas, nas quais a *affectio familiae* é o elemento cerne indicador de sua formação e consequente necessidade de tutela jurídica.[34]

A despeito do reconhecimento das entidades familiares sob as mais diversas concatenações afetivas, as quais são destinatárias da proteção estatal, a família matrimonial ocupa, ainda, no Brasil, posição privilegiada. Nas considerações proferidas por Maria Helena Diniz, "é o casamento a mais importante e poderosa de todas as instituições de direito privado, por ser uma das bases da família, que é a peça-chave de todo sistema social, constituindo o pilar do esquema moral, social e cultural do país".[35]

O casamento deixou de constituir-se na *célula mater* da sociedade, concedendo espaço a novos arquétipos familiares não merecedores de inferior proteção jurídica, embora sua formação, caracterizada por rigoroso processo de observância a formalidades predefinidas, dê origem à espécie familiar na qual claramente identificado o respectivo nascedouro jurídico, razão pela qual ainda utilizado como ponto de partida ao estudo acadêmico do Direito de Família.

1.2. O casamento como um contrato

A doutrina converge acerca das finalidades do casamento, quais sejam: procriadora, geradora do dever de mútua assistência e satisfação sexual, todas fundadas na comunhão de vidas, que permeia o enlace conjugal.[36]

É a *affectio maritalis*, pois, o substrato da sociedade conjugal, correspondendo a verdadeira intenção em persistir-se no consórcio ao elemento crucial à sua verificação prática, revelando-se inconcebível a perpetuação de uma relação afetiva ressentida de uma plena comunhão de vidas.[37]

Por outra banda, a natureza do instituto é dissonante na doutrina pátria, e não há, no Código Civil brasileiro, enfrentamento próprio da matéria. Para a Igreja Católica, trata de sacramento, indissolúvel e constituído exclusivamente para fins procriativos. Regulamentado

---

[34] A respeito da evolução do conceito de família, vide: BASTOS, Ísis Boll de Araújo. (Re) Pensando a Família e o Direito de Família: evolução histórica e conceitual. In DA ROSA, Conrado Paulino; THOMÉ, Liane Maria Busnello (Org.). *O papel de cada um nos conflitos familiares e sucessórios*. Porto Alegre: Instituto Brasileiro de Direito de Família (IBDFAM/RS), 2014, p. 180-198.

[35] DINIZ, Maria Helena. *Curso de Direito Civil Brasileiro*. 27. ed. São Paulo: Saraiva, 2012. p. 51.

[36] VENOSA, Sílvio de Salvo. *Direito Civil*: direito de família. 12. ed. São Paulo: Atlas, 2012. p. 28.

[37] MADALENO, Rolf. *Curso de Direito de Família*. 4. ed. Rio de Janeiro: Forense, 2008. p. 101.

pela doutrina canônica, teria sido implementado no Brasil a partir das Constituições do Arcebispado da Bahia.[38]

A classificação do matrimônio quanto à sua natureza distingue-se em três correntes principais: a primeira, aponta-lhe como uma "instituição"; a segunda, como um "contrato"; e, por fim, uma terceira o identifica como uma figura híbrida, ora a tratar-se de instituição, ora de contrato.

Os fundamentos repousam nas distintas óticas passíveis de serem dispensadas ao matrimônio: se como ato formador de uma família ou se um estado decorrente deste ato, com ênfase na relação matrimonial perpetuada ao longo dos anos de vida do consórcio afetivo, e não em sua origem.[39]

Enquanto que o viés contratual calca-se no *casamento-fonte*, ou seja, no acordo de vontades entre nubentes como o aspecto a ser valorado para sua definição, o institucional fundamenta-se *casamento-estado*, sob a afirmação de que as regras regulamentadoras da sociedade nupcial são fixadas imperativamente pelo Estado, descabendo aos cônjuges amoldá-las de acordo com suas idiossincrasias e a qualquer tempo.[40]

Sílvio de Salvo Venosa qualifica o matrimônio como um negócio jurídico complexo, dotado de características tanto de negócio jurídico (no momento de sua formação) quanto de caracteres de instituição (em sua vigência, dada a imperiosidade de normas públicas).[41] Arnoldo Wald partilha do entendimento, compreendendo ser o casamento ato jurídico complexo, despido de uma natureza eminentemente contratual.[42] Washington de Barros Monteiro, por seu turno, considera o casamento puramente um instituto, negando a ele qualquer elemento contratual.[43]

Orlando Gomes inclina-se pela doutrina contratualista, ao asseverar que a necessidade de adesão ao instituto legal não elimina, por si só, a base voluntarista do casamento. Para o jurista, o que imprime

---

[38] PEREIRA, Caio Mário da Silva. *Instituições de Direito Civil:* direito de família. 20. ed. Rio de Janeiro: Forense, 2012. p. 72.

[39] MOTTA, Carlos Dias. *Direito Matrimonial e Seus Princípios Jurídicos*. São Paulo: Revista dos Tribunais, 2009. p. 264.

[40] RIZZARDO, Arnaldo. *Direito de Família*. 8. ed. Rio de Janeiro: Forense, 2011. p. 23.

[41] VENOSA, Sílvio de Salvo. *Direito Civil:* direito de família. 12. ed. São Paulo: Atlas, 2012. p. 26.

[42] WALD. Arnoldo. *O Novo Direito de Família*. 13. ed. São Paulo: Saraiva, 2000. p. 17.

[43] MONTEIRO, Washington de Barros. *Curso de Direito Civil:* direito de família. São Paulo: Saraiva. p. 17.

a natureza do instituto é o momento de sua formação, como acordo livre e espontâneo de vontades, e não as regras que decorrentemente imperam.[44] Sob o mesmo viés é o conceito traçado por Sílvio Rodrigues, porém atribuindo a locução *de direito de família* à espécie de contrato, diferindo-o, tenuamente, dos demais:

> (...) O casamento assume a feição de um ato complexo, de natureza institucional, que depende da manifestação livre da vontade dos nubentes, o qual, porém, se completa pela celebração, que é ato privativo de representante do estado. Não há inconveniente, dada a peculiaridade do fenômeno, de chamar ao casamento *contrato de direito de família*.[45]

Pontes de Miranda define o casamento como um "contrato de direito de família que regula a vida em comum (não só a sexual) entre o varão e a mulher".[46] Caio Mário, admitindo a mesma compreensão, enfatiza seu caráter volitivo como o elemento a determinar sua natureza contratual.[47] Aliás, tal também se aplica com relação à dissolução do vínculo conjugal, a qual não se subordina à constatação de rompimento de um dos elencados deveres conjugais, mas tão somente na *livre escolha* de não mais permanecer-se casado, conforme restará oportunamente abordado no presente estudo.

Verifica-se que a doutrina majoritária atribui ao casamento *status* de contrato, ou ao menos reconhece tal faceta no instituto. Com efeito, o casamento é um contrato *sui generis*, emergindo de um acordo de vontades quanto aos seus elementos mais essenciais, porém prenhe de normas cogentes que o regulamentam independentemente da vontade dos contratantes. Contrato o é em sua essência, sobretudo porque somente às partes cabe a eleição do parceiro afetivo, do regime de bens e a própria opção por sua celebração. Por outra banda, os cônjuges sujeitam-se aos efeitos advenientes do matrimônio, e quanto a isto não lhes cabe acordar de forma distinta, posto que tratam de normas obrigacionais, não passíveis de alteração pela via privada, contratual. Contudo, tal não alija o matrimônio, em sua essência, da classificação de contrato, dotado que é de seus necessários requisitos no momento de sua formação.

No exercício do direito que detém o indivíduo de criar suas relações na órbita jurídica e de eleger o cônjuge de acordo com os atribu-

---

[44] GOMES, Orlando. *Direito de Família*. 10. ed. Rio de Janeiro: Forense, 1998. p. 60.

[45] RODRIGUES, Silvio. *Direito Civil*: direito de família. 28. ed. rev. e atual. por Francisco José Cahali. São Paulo: Saraiva, 2004. p. 20.

[46] MIRANDA, Pontes de. *Tratado de Direito Privado*. Tomo 7. Campinas: Bookseller, 2000. p. 240.

[47] PEREIRA, Caio Mário da Silva. *Instituições de Direito Civil*: direito de família. 20. ed. Rio de Janeiro: Forense, 2012. p. 76.

tos julgados por si indispensáveis em um parceiro afetivo, verifica-se a concreção do princípio da *autonomia da vontade*, que permeia a gênese do contrato de casamento.[48]

Os princípios da liberdade de contrair matrimônio e da liberdade de escolha do cônjuge encontram sustentáculo no princípio da autonomia privada, criador do direito de escolha do indivíduo de contrair obrigações quando, como e com quem quiser, limitado, todavia, por leis de ordem pública e pelos bons costumes.[49] Ora, afinal, inconcebível a ideia de que, por exemplo, convole núpcias um casal cujo marido possua 45 anos de idade e a esposa 12 anos, o que flagrantemente viria a atentar contra as expectativas mais basilares da estruturação de uma sociedade. E é por isso que norma cogente impõe, como requisito de validade, a idade núbil de 16 anos de idade.[50]

Desde meados do século XX evolui a conceituação do princípio da função social do contrato, decorrente da doutrina que se opôs ao liberalismo, oriundo da Revolução Industrial. Adotado pela Constituição Federal brasileira de 1988, a partir do direito de propriedade, restou positivado pelo vigente Código Civil.[51]

Exemplo deveras ilustrativo da concreção do princípio no contrato de casamento trata da proibição de casamentos incestuosos, entre parentes, sob pena de fenecimento dos valores impregnados na própria organização social. De acordo com Washington de Barros Monteiro, na esteira desta compreensão, "o contrato não é mais visto pelo prisma individualista de utilidade para os contratantes, mas no sentido de utilidade para a comunidade".[52]

Há que se atentar, ainda, ao princípio da boa-fé objetiva. O postulado – laconicamente conceituando-o – trata de proposição jurídica com significado de regra de conduta; um verdadeiro elo de cooperação em face do fim visado pelas partes, impondo-as um dever de consideração àquilo que subjaz a obrigação contraída pelas partes envolvidas. Prescreve, assim, a adoção de condutas consentâneas aos

---

[48] RIZZARDO, Arnaldo. *Contratos*. 12. ed. Rio de Janeiro: Forense, 2011. p. 18.

[49] MOTTA, Carlos Dias. *Direito Matrimonial e Seus Princípios Jurídicos*. São Paulo: Revista dos Tribunais, 2009. p. 198.

[50] Art. 1.517 do CCB: O homem e a mulher com dezesseis anos podem casar, exigindo-se autorização de ambos os pais, ou de seus representantes legais, enquanto não atingida a maioridade civil.

[51] Art. 421 do CCB. A liberdade de contratar será exercida em razão e nos limites da função social do contrato.

[52] MONTEIRO, Washington de Barros; MALUF, Alberto Dabus; DA SILVA, Regina Beatriz Tavares. *Curso de Direito Civil 5:* direito das obrigações, 2ª parte. São Paulo: Saraiva, 2010. p. 25.

bons valores por parte dos contratantes.[53] Na visão de Judith Martins-Costa, corresponde a um "(...) modelo de conduta social, segundo o qual cada pessoa deve ajustar a própria conduta a este arquétipo, obrando como obraria um homem reto: com honestidade, lealdade, probidade".[54]

Segundo posicionamento sustentado por Clóvis do Couto e Silva, ao abordar o princípio voltadamente às relações familiares:

> Nas relações jurídicas em que a cooperação se manifesta em sua plenitude (*nostra res agitur*), como nas de sociedade, em parte nas de trabalho e, principalmente, na comunidade familiar, cuida-se de algo mais do que a mera consideração, pois existe dever de aplicação à tarefa suprapessoal, e exige-se disposição ao trabalho conjunto e a sacrifícios relacionados com o fim comum.[55]

Vejamos que a necessidade que há de os cônjuges agirem com manifesta transparência quanto à gerência do patrimônio comum – ou mesmo antes, na fase de eleição do regime de bens que se aplicará ao matrimônio – exemplifica a boa-fé objetiva que deve nortear o contrato matrimonial desde sua formação, desde as negociações e tratativas que o antecedem.

A própria expectativa de cumprimento dos deveres atrelados ao casamento, por parte dos contratantes, constitui-se em reflexo da aplicação do princípio da boa-fé à espécie, condizendo com a postura cooperativa a ser adotada pelos consortes. O cumprimento das "promessas" antecedentes ao ato jurídico, que regulamentem características que balizarão a vigência do contrato (cite-se: número de filhos, divisão de trabalho conjugal em casa, etc.) evidenciam a concreção do princípio da boa-fé objetiva à espécie contratual do casamento.

Já a união estável, tal como elucidado, também chamada de "companheirismo", trata da união de duas pessoas que vivem juntas como se casadas fossem (convivência *more uxório*), distinguindo-se do casamento tão somente em virtude da inexistência de formalidade legal como condição *sine qua non* à obtenção de proteção jurídica ao núcleo familiar formado.[56]

A norma constitucional, no § 3º do artigo 226, afirma que, "para efeito de proteção do Estado é reconhecida a união estável entre o homem e mulher como entidade familiar, devendo a lei facilitar sua

---

[53] SILVA, Clóvis do Couto e. *A Obrigação como Processo*. Rio de Janeiro: FGV, 2006. p. 32.

[54] MARTINS-COSTA, Judith. *A boa-fé no direito privado*. São Paylo: Revista dos Tribunais, 1999, p. 411.

[55] SILVA, Clóvis. Op. cit., p. 34.

[56] FARIAS, Cristiano Chaves de; ROSENVALD, Nelson. *Direito das Famílias*. 2. tiragem. Rio de Janeiro: Lumen Juris, 2009, p. 391.

conversão em casamento". No Diploma Civil, em seu artigo 1.723, resta expresso que "é reconhecida como entidade familiar a união estável entre o homem e a mulher, configurada na convivência pública, contínua, duradoura e estabelecida com o objetivo de constituição de família". O mesmo dispositivo, em seu § 1º, determina que "a união estável não se constituirá se ocorrerem os impedimentos do art. 1.521; não se aplicando a incidência do inciso VI no caso de a pessoa casada se achar separada de fato ou judicialmente". E mencionado artigo 1.521,[57] por sua vez, elenca quem são as pessoas que não podem casar, sob pena de decreto de invalidade das núpcias, estendendo-se o mesmo efeito às uniões estáveis.

Cabe frisar que uma união formada na presença de impedimento para o matrimônio recebe a qualificação de "concubina" ou "adulterina" por parte do ordenamento jurídico, não merecendo, a priori, tutela estatal. Todavia, considerando que um casamento pode ser putativo quando, mesmo nulo ou anulável, um ou ambos os cônjuges estiverem de boa-fé (leia-se o artigo 1.561 do Código Civil), razão não há para não se reconhecer a possibilidade da formação de uniões estáveis putativas. Nas palavras de Cristiano Chaves de Farias e Nelson Rosenvald:

> É importante pensar no caso concreto. Se uma pessoa já casada resolve casar de novo (na constância do seu matrimônio) e não esclarece para a segunda noiva sobre o seu estado civil, induzindo a mesma em erro, provada a boa-fé, ela poderá requerer ao juiz o reconhecimento da putatividade e, assim, obter efeitos concretos do casamento, como, por exemplo, o uso do sobrenome, o direito de receber alimentos, etc. Ora, qual seria o motivo para tratar diferentemente a união estável? É claro que não existe qualquer fundamentação para justificar que alguém que não foi enganado em um casamento obtenha efeitos que não seriam reconhecidos àquele que, também enganado, vivia em união estável.[58]

Já as causas suspensivas da celebração do casamento, descritas no artigo 1.523 do Código Civil,[59] e que invocam como consequência

---

[57] Art. 1.521 do CCB:.Não podem casar: I – os ascendentes com os descendentes, seja o parentesco natural ou civil; II – os afins em linha reta; III – o adotante com quem foi cônjuge do adotado e o adotado com quem o foi do adotante; IV – os irmãos, unilaterais ou bilaterais, e demais colaterais, até o terceiro grau inclusive; V – o adotado com o filho do adotante; VI – as pessoas casadas; VII – o cônjuge sobrevivente com o condenado por homicídio ou tentativa de homicídio contra o seu consorte.

[58] FARIAS, Cristiano Chaves de; ROSENVALD, Nelson. Direito das Famílias. 2. tiragem. Rio de Janeiro: Lúmen Júris, 2009, p. 399.

[59] Art. 1.523. Não devem casar: I – o viúvo ou a viúva que tiver filho do cônjuge falecido, enquanto não fizer inventário dos bens do casal e der partilha aos herdeiros; II – a viúva, ou a mulher cujo casamento se desfez por ser nulo ou ter sido anulado, até dez meses depois do começo da viuvez, ou da dissolução da sociedade conjugal; III – o divorciado, enquanto não houver sido homologada ou decidida a partilha dos bens do casal; IV – o tutor ou o curador e os seus des-

a imposição do regime da separação legal de bens (art. 1.641, I, do CCB[60]), não impedirão a caracterização da união estável, nos termos do § 2º do artigo 1.723 do Código Civil.

Neste contexto, e a partir da ilação conjunta dos mencionados dispositivos de lei, constata-se que o reconhecimento da união estável sujeita-se aos requisitos de i) estabilidade, ii) publicidade, iii) continuidade e iv) ausência de impedimento matrimonial – à exceção do impedimento da separação fática ou judicial, ambas as quais viabilizam a formação de uma união estável, não se exigindo o divórcio para sua constituição. Quanto à diversidade de sexos exigida ainda em lei, tal como já esclarecido em capítulo anterior, não trata mais de pré-requisito para a caracterização da união, corolário dos já referidos julgamentos do STF e do STJ, no ano de 2011, os quais chancelaram as uniões entre homossexuais, permitindo a conversão de ditas uniões em casamento.

Como último e mais importante dos requisitos, tem-se o *intuito familiae*. Trata o ânimo de constituição de família do principal elemento para a caracterização da união estável, consistindo no efetivo interesse das partes na solidificação de uma cédula familiar, o que não pressupõe, necessariamente, a geração de prole. Destarte, tem-se este requisito subjetivo como a matriz dos demais outros, notadamente da ostensibilidade do relacionamento afetivo, porquanto o comportamento das partes como se marido e mulher fossem é oriundo de uma deliberada escolha de adoção de condutas consentâneas às dos cônjuges em geral.

Vejamos, assim, que a convivência *more uxorio* das partes – como se casadas fossem –, consubstanciada em uma relação dotada de continuidade (no sentido de que somente uma certa durabilidade vem a gerar solidez a uma relação), publicidade (porque os companheiros vivem sob a "posse do estado de casados", reconhecidos publicamente como um casal, espraiando sinais exteriores de estarem regularmente casados) e estabilidade (prolongada no tempo, embora possa, evidentemente, sofrer de lapsos de separação), repercute na criação de um elo familiar receptor da mesma proteção estatal que o casamento, com a distinção de que, nesta hipótese, a relação é desprovida de formalidade legal como condição existencial.[61]

---

cendentes, ascendentes, irmãos, cunhados ou sobrinhos, com a pessoa tutelada ou curatelada, enquanto não cessar a tutela ou curatela, e não estiverem saldadas as respectivas contas.

[60] Art. 1.641. É obrigatório o regime da separação de bens no casamento: I – das pessoas que o contraírem com inobservância das causas suspensivas da celebração do casamento (...).

[61] RIZZARDO, Arnaldo. *Direito de Família*. 8. ed. Rio de Janeiro: Forense, 2011, p. 817-822.

Muito embora seja a união estável uma realidade fática, bastante comum é, na atualidade, as partes lançarem mão da declaração de união estável, também designada como "contrato de convivência". Para sua confecção, exige-se unicamente a forma escrita, podendo ser engendrada através de escritura pública ou por instrumento particular. Muito embora – como salientado – tal documento não consista em requisito *sine qua non* para a configuração da união, com efeito que a eficácia do documento condiciona-se à prática da convivência no mundo dos fatos, tratando o instrumento de negócio jurídico acessório, submetido ao principal, qual seja, a própria união estável, de forma alusiva ao pacto antenupcial em relação ao casamento.[62]

Merece também atenção a figura do noivado, ou *esponsais* (nomenclatura utilizada no âmbito jurídico), a tratar da comunhão de vontades quanto à promessa de futuro contrato de casamento. A despeito da inexigibilidade de forma pública ou de solenidade, bem como da inoperação de efeitos pessoais ou patrimoniais aos noivos,[63] a promessa de casamento caracteriza-se como um contrato "preliminar" ao contrato matrimonial.

A ruptura injustificada da promessa de casamento é passível de acarretar, em específicas e peculiares situações, danos morais ou materiais indenizáveis, conforme vem reconhecendo a jurisprudência pátria,[64] bastando que haja configuração do ato ilícito (na forma dos

---

[62] FARIAS, Cristiano Chaves de; ROSENVALD, Nelson. *Direito das Famílias*. 2. tiragem. Rio de Janeiro: Lúmen Júris, 2009. p. 416.

[63] Idem, p. 104-5.

[64] APELAÇÃO CÍVEL. AÇÃO DE INDENIZAÇÃO. DANO MORAL. ROMPIMENTO DE NOIVADO INJUSTIFICADO E PRÓXIMO A DATA DO CASAMENTO. DANO MORAL CARACTERIZADO. DANOS MATERIAIS. 1.Pleito indenizatório em que a parte autora busca a reparação de danos materiais e morais suportados em virtude do rompimento injustificado do noivado pelo nubente varão poucos dias antes da data marcada para a celebração do casamento. 2.Faz-se necessário esclarecer que as relações afetivas podem ser tuteladas pelo direito quando há repercussão econômica. No que se refere à promessa de casamento tenho que esta deve ser analisada sob a óptica da fase preliminar dos contratos. 3.Oportuno salientar que a possibilidade de responsabilização civil não pode ser utilizada como forma de coação aos nubentes. O casamento deve ser contraído mediante a manifestação livre e espontânea da vontade dos noivos de se unirem formalmente. Inteligência do art. 1.514 do CC. 4.Impende destacar que a ruptura de noivado por si só não determina a responsabilidade do desistente, o que pode ensejar a reparação são as circunstâncias em que a outra parte foi comunicada de seu intento. 5.A prova produzida no feito atesta que a ruptura do noivado se deu em circunstâncias que causaram grandes dissabores e abalos à demandante. Inicialmente, insta destacar que os fatos se deram no dia do "chá de panelas" da autora, o que demonstra a surpresa que tal notícia causou à requerente, bem como o sofrimento e a desesperança por esta suportados. 6.Ademais, os convites para o enlace matrimonial já haviam sido distribuídos, de sorte que a autora teve que comunicar a todos os convidados o cancelamento do casamento, bem como os motivos que o determinaram. 7.Prova testemunhal que foi uníssona em afirmar que a demandante ficou muito abalada e triste com o fim do relacionamento. 8.Ainda, não é difícil depreender a repercussão que tais fatos tiveram na pequena cidade de Tapes/RS. Frise-se que os constrangimentos pelos quais a noiva

artigos 186 e 186 do Código Civil). Tratam tais hipóteses, nas palavras de Pablo Gagliano e Rodolfo Pamplona Filho, de *quebra da boa-fé objetiva e pré-contratual*.[65]

A modernidade trouxe ainda uma nova espécie de contrato afetivo: o contrato de namoro. O temor da responsabilização financeira entre os partícipes da relação os faz, por vezes, assinar um instrumento no qual declaram que o relacionamento que cultivam não transcende a uma relação afetiva precária, impassível de irromper quaisquer efeitos patrimoniais. Sílvio Venosa propende pela corrente favorável à declaração de nulidade desta espécie contratual (artigo 166, VI, do Código Civil), justificando não ser admissível camuflar-se uma relação impondo-lhe viés de distinto naipe. Afinal, somente a vivência prática do relacionamento e a análise dos elementos ali existentes que a subsumirá a um namoro, noivado, união estável ou espécie familiar distinta, mas jamais um contrato cujo escopo seja o de proteger partícipe aquinhoado em detrimento daquele que nada possui em seu nome. Trata, de acordo com o autor, de espécie contratual afrontosa ao princípio da dignidade da pessoa humana.[66]

---

passou ultrapassam os meros dissabores, comuns aos fatos cotidianos. 9.Aliás, mostra-se imprudente a conduta adotada pelo réu, porquanto mesmo estando ciente de todos os preparativos para a festa de casamento, tais como a locação do vestido e do local para a realização do evento, a encomenda do bolo e da decoração, esperou para comunicar a decisão de rompimento poucos dias antes da data aprazada para a celebração. 10. No que tange à prova do dano moral, por se tratar de lesão imaterial, desnecessária a demonstração do prejuízo, na medida em que possui natureza compensatória, minimizando de forma indireta as conseqüências da conduta do réu, decorrendo aquele do próprio fato. Conduta abusiva do demandado que faz presumir os prejuízos alegados pela parte autora, é o denominado dano moral puro. 11. O valor a ser arbitrado a título de indenização por dano imaterial deve levar em conta o princípio da proporcionalidade, bem como as condições do ofendido, a capacidade econômica do ofensor, além da reprovabilidade da conduta ilícita praticada. Por fim, há que se ter presente que o ressarcimento do dano não se transforme em ganho desmesurado, importando em enriquecimento ilícito. 12.Quanto aos danos materiais, o demandado deverá ressarcir tão somente os gastos efetivamente comprovados pela autora pelos recibos das fls. 15/18 do presente feito. 13.No que concerne à quantia de R$ 400,00, que a demandante alega ter fornecido ao autor para a compra de materiais para a construção de uma peça de alvenaria para a moradia do casal, não veio aos autos qualquer prova sobre a entrega do referido montante, ônus que se impunha à demandante e do qual não se desincumbiu, a teor do que estabelece o art. 333, I, do CPC. 14.Por fim, quanto ao empréstimo realizado, da mesma forma, não há comprovação de que a integralidade dos valores foi utilizada nos preparativos da festa de casamento, sendo descabida a pretensão da apelante a este respeito. Dado parcial provimento ao apelo. (RIO GRANDE DO SUL. Apelação Cível n. 70027032440, Quinta Câmara Cível, Tribunal de Justiça do RS, Relator: Jorge Luiz Lopes do Canto, Julgado em 21/01/2009).

[65] GAGLIANO, Pablo Stolze; PAMPLONA FILHO, Rodolfo. *Novo Curso de Direito Civil:* Direito de Família – As famílias em perspectiva constitucional. 2. ed. São Paulo: Saraiva, 2012. p. 139.

[66] VENOSA, Sílvio de Salvo. Contratos Afetivos: o temor do amor. *Revista Magister de Direito Civil e Processual Civil*, Porto Alegre, v. 8, n. 44, p. 83-4, set./out. 2011.

1.3. O pacto antenupcial e suas funcionalidades

Do casamento decorre uma gama de efeitos nas esferas econômica, pessoal e social, como resultado da verdadeira comunhão de vidas derivada de sua formação, cuja principal finalidade é permitir o desenvolvimento físio-psiquico de seus membros, envoltos emocional, espiritual e materialmente entre si.

São dois os principais efeitos do casamento de caráter social: criação de família e modificação do estado civil, com eficácia *erga omnes*. Uma família constituída é dotada de especial proteção estatal, tal como dita o artigo 226 da Carta Magna. Vantagens são verificadas, por exemplo, nas esferas tributária e previdenciária, alavancando benefícios aos membros geradores de um mesmo arquétipo familiar.[67]

Na seara dos efeitos pessoais, destacam-se os seguintes: criação da comunhão de vidas, estabelecimento do vínculo de afinidade entre o cônjuge e os parentes do outro (nos termos do artigo 1.595 do Código Civil), autorização ao aditamento do patronímico conjugal, emancipação (nos termos do artigo 5º, II, do Código Civil) e surtimento de direitos e deveres recíprocos entre as partes. Tal rol de direitos e deveres está devidamente consignado no artigo 1.566 do Código Civil, em que pese não restem exauridos pelo dispositivo em apreço, que somente elenca os principais como estes: i) fidelidade recíproca; ii) vida em comum, no domicílio conjugal; iii) mútua assistência; iv) sustento, guarda e educação dos filhos; v) respeito e consideração mútuos.[68]

A partir de tal concepção, note-se que, dentre seus efeitos, os econômicos são os mais propensos a atingir terceiros, por decorrência de negócios jurídicos travados pelos partícipes da comunhão conjugal. É justamente por implicar efeitos econômicos internos (que dizem respeito unicamente aos cônjuges) e também externos à relação é que se reputa indispensável a observância ao regime de bens que permeia a relação conjugal.

Cristiano Chaves de Farias e Nelson Rosenvald chamam a atenção para a existência do denominado *estatuto patrimonial do casamento*, caracterizado pelo complexo de regras a nortear a gerência/divisão do patrimônio entre os casados. Reputam os autores que não há casamento despido de, ao menos, certa potencialidade de projetar efeitos patrimoniais, sendo esta a a razão pela qual cabe ao ordenamento

---

[67] RODRIGUES, Silvio. *Direito Civil:* direito de família. 28. ed. rev. atual. por Francisco José Cahali. São Paulo: Saraiva, 2004. p. 123.

[68] Idem, p. 124-5.

jurídico dispor expressa e claramente acerca dos regimes existentes e conseguintes decorrências de ordem prática.[69]

A possibilidade de os interessados nubentes versarem sobre as regras patrimoniais que se aplicam ao casamento funda-se no princípio da autonomia privada. Confere o ordenamento jurídico, aos particulares, a faculdade de optarem pelo regime de bens que lhes aprouver, ressalvada, porém, qualquer das hipóteses que culminam na cogente imposição do regime da separação legal de bens (o qual será tratado logo em breve).[70]

É no processo de habilitação ao casamento[71] que deverão os nubentes eleger o regime de sua preferência, que melhor se ajuste e se amolde às expectativas e desígnios individuais e conjugais das partes, veiculando sua pretensão no documento nominado "pacto antenupcial".

Na união estável, cabe registrar, diferentemente do que ocorre no casamento, a eleição do regime de bens deve estar expressa na própria declaração de união estável realizada em tabelionato de notas, e não em um documento apartado tal como o pacto antenupcial. No silencio, incidirá – assim como no casamento – o regime legal da comunhão parcial de bens.[72]

Tal como o casamento, a natureza jurídica do pacto antenupcial é controversa na doutrina, de modo que alguns entendem seja um contrato acessório, principal, uma convenção ou mesmo um simples pacto.[73]

Para Sílvio Rodrigues trata de um "contrato solene, realizado antes do casamento, por meio do qual as partes dispõem sobre o regime de bens que vigorará entre elas, durante o matrimônio".[74] Também para Caio Mário da Silva Pereira, "a natureza jurídica do pacto antenupcial é inequivocadamente contratual, e obrigatoriamente há de ser efetivado antes do casamento".[75]

---

[69] FARIAS, Cristiano Chaves de; ROSENVALD, Nelson. Disposições gerais dos regimes de bens e pacto antenupcial. In: FUJITA, Jorge Shchiguemitsu; SIMÃO, José Fernando; ZUCCHI, Maria Cristina (coord.). *Direito de Família no Novo Milênio*. São Paulo: Atlas, 2010. p. 185.

[70] BRANDÃO, Débora Vanessa Caús. *Regime de Bens no Novo Código Civil*. São Paulo: Saraiva, 2007. p. 320.

[71] Artigos 1.525 a 1.532 do CCB.

[72] Art. 1.725 do CCB: Na união estável, salvo contrato escrito entre os companheiros, aplica-se às relações patrimoniais, no que couber, o regime da comunhão parcial de bens.

[73] BRANDÃO, op. cit., p. 103.

[74] RODRIGUES, Silvio. *Direito Civil:* direito de família. 28. ed. rev. atual. por Francisco José Cahali. São Paulo: Saraiva, 2004. p. 137.

[75] PEREIRA, Caio Mário da Silva. *Instituições de Direito Civil:* direito de família. 20. ed. Rio de Janeiro: Forense, 2012. p. 218.

Segundo Arnaldo Rizzardo, corresponde o pacto antenupcial "à convenção solene, através de escritura pública, na qual declaram os cônjuges o regime que adotam, se diverso do legal, e as condições ou adendos que resolvem acrescentar".[76] O autor justifica tratar de convenção porque, a seu ver, o pacto vai muito além de um contrato, revelando conteúdo institucional, submetido à regulamentação e a rígidos princípios, inalteráveis pelas partes. Na mesma linha conceitual, Rolf Madaleno ressalta o caráter institucional do pacto, já que às partes – conforme se verá – é vedada a alteração do regime de bens senão mediante pedido judicial fundamentado, e portanto sujeito ao indeferimento por parte do magistrado.[77]

A figura do pacto antenupcial é comum nos países ocidentais, e em sua grande maioria – tal como em Portugal, França e Inglaterra – prevalece sua natureza contratual.[78] Com efeito, melhor se caracteriza como um "contrato acessório", já que é indispensável para a produção de seus efeitos que sobrevenha o contrato de casamento. Sob tal viés, trataria este último de um contrato "principal", e do qual depende o pacto antenupcial para sua eficácia, segundo redação contida no artigo 1.653 do vigente Código Civil.[79]

Por tratar-se de negócio jurídico, requer para sua validade agente capaz, objeto lícito, possível, determinado (ou determinável) e forma prescrita em lei, nos termos preconizados pelo artigo 104 do Código Civil. Ademais, a livre e desembaraçada manifestação de vontade também é condição para sua validade, podendo vício nesse sentido ser arguido em juízo posteriormente, a culminar na própria anulação do instrumento.

A forma prescrita em lei ao instrumento é a escritura pública, inadmitindo-se a flexibilização da regra, sob pena de invalidade do pacto,[80] sendo sua eficácia sujeita a efeito suspensivo, já que somente após a celebração do casamento é que o pacto passa a ser juridicamente eficaz. Por outra banda, permite-se a celebração do contrato por procuradores constituídos com poderes específicos, através de escritura pública.[81]

---

[76] RIZZARDO, Arnaldo. *Direito de Família*. 8. ed. Rio de Janeiro: Forense, 2011. p. 556.

[77] MADALENO, Rolf. *Curso de Direito de Família*. 4. ed. Rio de Janeiro: Forense, 2008. p. 685.

[78] CARDOSO, Oscar Valente. A prisão civil do devedor de alimentos e o Pacto San Jose da Costa Rica. In: *Revista Síntese – Direito de Família*, São Paulo, n. 58, p. 104-5, fev./mar. 2010.

[79] Art. 1.653 do CCB: É nulo o pacto antenupcial se não for feito por escritura pública, e ineficaz se não lhe seguir o casamento.

[80] CARDOSO, op. cit., p. 109.

[81] FARIAS, Cristiano Chaves de; ROSENVALD, Nelson. Disposições gerais dos regimes de bens e pacto antenupcial. In: FUJITA, Jorge Shchiguemitsu; SIMAO, José Fernando; ZUCCHI, Maria Cristina (coord.). *Direito de Família no Novo Milênio*. São Paulo: Atlas, 2010. p. 193.

Como contrato acessório, os agentes necessitam preencher os mesmos requisitos exigidos para o contrato matrimonial, notadamente no que tange à observância da idade núbil. É a partir dos 16 anos de idade que podem os indivíduos habilitarem-se ao matrimônio, e é nesta etapa procedimental que haverá a eleição do regime de bens, nos termos do artigo 1.639 do Código Civil. Portanto, forçosa a conclusão de que já a partir dos 16 anos de idade é permitido aos nubentes a lavratura do pacto pré-nupcial.[82]

O menor de 18 anos – mas em idade núbil, ou seja, com 16 ou 17 anos de idade – dependerá também da autorização de seus representantes legais para a formalização do instrumento. Para a celebração do casamento é necessário, expressamente, a concordância de ambos os genitores ou representantes legais dos menores em idade núbil (artigo 1.517 do Código Civil), não se aplicando o mesmo ao pacto antenupcial, gize-se, porquanto o artigo 1.654[83] do Código Civil exige a concordância por parte de apenas um dos representantes legais do nubente.[84]

Para que o pacto seja eficaz perante terceiros, a lei exige seja registrado em livro especial por parte do oficial do Registro de Imóveis do domicílio dos cônjuges, desimportando em qual comarca venham a adquirir bens ou a oferecer os existentes em hipoteca. Neste diapasão, com razão a crítica lançada por Cristiano Chaves de Farias e Nelson Rosenvald no sentido de que o interesse prático da disposição é de cunho minimamente duvidoso, afinal, podem os nubentes, ao longo do curso conjugal, adquirir bens imóveis em mais de uma cidade ou estado. Para eficácia *erga omnes* do pacto, razoável então seria ter o legislador exigido o registro no Cartório de Imóveis onde registrados os bens, não vinculando dita eficácia meramente ao registro no Cartório do domicílio das partes, posto que a informação quanto ao regime de bens eleito dificilmente chegará ao conhecimento de terceiros residentes de outras localidades.[85]

---

[82] CARDOSO, Oscar Valente. A prisão civil do devedor de alimentos e o Pacto San Jose da Costa Rica. In: *Revista Síntese – Direito de Família*, São Paulo, n. 58, p. 111, fev./mar. 2010.

[83] Art. 1.654 do CCB: A eficácia do pacto antenupcial, realizado por menor, fica condicionada à aprovação de seu representante legal, salvo as hipóteses de regime obrigatório de separação de bens.

[84] MOREIRA. Cínthia Lopes. Apontamentos sobre o pacto antenupcial. *Revista de Direito Imobiliário*, São Paulo, v. 31, n. 65, p. 35, jul./dez. 2008.

[85] FARIAS, Cristiano Chaves de; ROSENVALD, Nelson. Disposições gerais dos regimes de bens e pacto antenupcial. In: FUJITA, Jorge Shchiguemitsu; SIMÃO, José Fernando; ZUCCHI, Maria Cristina (coord.). *Direito de Família no Novo Milênio*. São Paulo: Atlas, 2010. p. 193.

Embora o dispositivo não logre conferir a necessária proteção e segurança jurídica aos terceiros de forma efetiva, é indispensável a medida para sua eficácia jurídica *erga omnes*, como verdadeira condição *sine qua non* para tanto. Além deste registro, cabe aos cônjuges fazê-lo no assento do casamento no registro civil (nos termos do artigo 70, § 7°, da Lei de Registros Públicos – n. 6.015 de 1973) e também no Registro Público de Empresas Mercantis sempre que um dos cônjuges for empresário, consoante disposição do artigo 979 do Diploma Civil.

O Código Civil não atribui prazo de validade ao pacto, sendo a fase de habilitação às núpcias a etapa na qual é facultada a lavratura do instrumento. E quanto à certidão de habilitação, a lei impõe-lhe o prazo decadencial de 90 dias (artigo 1.532 do Código Civil). Nesta senda, considerando que o pacto fundamenta sua essência no casamento futuro, e que sua confecção coincide com o período da habilitação, alguns doutrinadores advogam pela validade do pacto no mesmo prazo conferido à certidão de habilitação do matrimônio, qual seja, de 90 dias. Já outros, como Maria Berenice Dias,[86] sustentam que mesmo caducando a habilitação permanecerá hígida a validade do pacto antenupcial, que somente não irradiará seus efeitos por não ter sido realizado o casamento.

Correto parece assumir-se que o mesmo instrumento poderá ser "revalidado" pelas partes em um momento futuro, em um novo processo de habilitação, bastando sua ratificação, sem que os nubentes tenham de incorrer em todas as formalidades já atendidas e despesas já desembolsadas. Ao contrário, não se exigindo a ratificação do instrumento em hipóteses como esta (quando do novo procedimento de habilitação), estar-se-ia abrindo brechas para manejo de possíveis ações fraudulentas, afinal, passado certo período (meses ou anos), a realidade patrimonial dos nubentes pode ter se alterado significativamente, sendo inclusive possível que algum deles sequer lembre com exatidão do que constava disposto em dito instrumento. Assim, primando-se pela proteção do interesse das partes, razoável, pois, a exigência de ratificação do pacto, sobretudo nos casos em que ultrapassado período significativo de tempo.

Não raro, após a lavratura do instrumento, e ao invés das núpcias, sobrevém uma união estável. A discussão, nesta hipótese, diz respeito à aplicabilidade do regime eleito no pacto antenupcial à dita união estável, muito embora o artigo 1.653 do Código Civil determine que será ineficaz o pacto se não lhe seguir o matrimônio.

---

[86] DIAS, Maria Berenice. *Manual de Direito das Famílias*. 8. ed. São Paulo: Revista dos Tribunais, 2011. p. 196.

Como acertadamente refere Rolf Madaleno, não há por que supor que o casal quisesse algum regime matrimonial diverso daquele que consta no pacto antenupcial apenas pela falta de previsão de que viriam a "substituir" o casamento por uma união estável.[87] A revogação do regime de bens deve ocorrer se – e somente se – os companheiros elegerem regime distinto na respectiva declaração de união estável, nada justificando entendimento em sentido contrário, principalmente quando as partes, após a assinatura do pacto antenupcial, passam a imediatamente coabitar.

Quanto ao conteúdo do instrumento, há limitações que devem ser meticulosamente observadas pelos contratantes. Primeiramente, é vedado que o instrumento infrinja preceitos legais, a ordem pública, bons costumes, moral e o próprio princípio da boa-fé objetiva, sob pena de sua invalidade. E isto o artigo 1.655 do Código Civil dispõe com clareza, à medida que declara nula de pleno direito a convenção que contrarie disposição absoluta em lei. Tratam, pois, de disposições de ordem pública, cogentes e não passíveis de afastamento pelas partes.[88]

O ordenamento jurídico brasileiro prevê conteúdo estritamente patrimonial ao pacto, coibindo às partes que disponham de matérias distintas, transcendentes às de natureza patrimonial. A favor do conteúdo extrapatrimonial, manifestam-se Francisco José Cahali, Maria Berenice Dias, Gustavo Tepedino e Débora Gozo.[89]

Por conteúdo extrapatrimonial, compreendem-se cláusulas que versem sobre direitos e deveres atinentes à vivência conjugal (como, por exemplo, questões que envolvam os deveres conjugais), imposição de religião à prole, parâmetros de ajuste de rotina doméstica, reconhecimento filial, estipulação de indenizações pelo término da relação afetiva, dentre outras tantas possibilidades.[90]

Muito embora a possibilidade de elaboração de conteúdo extrapatrimonial às cláusulas seja sustentada por respeitáveis juristas, prevalece o pacto, na atualidade, circunscrito a previsões de caráter eminentemente patrimoniais.

---

[87] MADALENO, Rolf. *Curso de Direito de Família*. 4. ed. Rio de Janeiro: Forense, 2008. p. 686.

[88] FARIAS, Cristiano Chaves de; ROSENVALD, Nelson. Disposições gerais dos regimes de bens e pacto antenupcial. In: FUJITA, Jorge Shchiguemitsu; SIMAO, José Fernando; ZUCCHI, Maria Cristina (coord.). *Direito de Família no Novo Milênio*. São Paulo: Atlas, 2010. p. 192.

[89] CARDOSO, Fabiana Domingues. *Regime de Bens e Pacto Antenupcial*. São Paulo: Método, 2010. p. 160.

[90] Idem, p. 190-217.

Nesta perspectiva, poderá o pacto pré-nupcial conter cláusula instituindo o regime de bens aplicável ao matrimônio como também vir a contemplar cláusulas relativas ao reconhecimento, criação, modificação e extinção de direitos patrimoniais entre os cônjuges. Exemplo elucidativo trata de cláusula na qual seja imposta a obrigação de uma das partes ao custeio da educação escolar da futura prole, ou que ajustem regras quanto à disposição do patrimônio comum a terceiros, criação de fundo financeiro de emergências, doações entre os cônjuges, ajustes sobre partilha de bens na eventualidade de divórcio, fixação de alimentos e mesmo renúncia alimentar entre consortes.[91] Todavia, frise-se que tais alternativas não se encontram previstas ou arroladas no Código Civil, cabendo sua formulação às próprias partes, sugerindo-se sejam orientadas por advogados especialistas na área.

1.4. Regimes de bens: espécies e particularidades

No Código Civil de 1916, eram quatro os regimes de bens estipulados: regime dotal, comunhão universal, comunhão parcial e separação de bens. O Código Civil em vigor substituiu o regime dotal (então já há muitos anos em desuso) pelo regime da participação final nos aquestos.

O regime dotal de bens constituía-se naquele através do qual cada cônjuge conservava a propriedade de seus bens, cabendo ao marido a administração de todo acervo comum e o usufruto dos bens da mulher. A intenção do legislador era ampará-la, buscando haurir, a partir da modalidade, certa compensação à responsabilidade que a ela cabia (exclusivamente) quanto ao desempenho das tarefas domésticas. Com o tempo, e paralelamente à evolução dos direitos da mulher na esfera jurídica e social, caiu em desuso, e muito antes da edição do Diploma Civil em vigência.[92]

O Código Civil de 1916 estipulou a comunhão universal como o regime legal de bens, presumindo-se o desejo dos cônjuges em verem comunicados todos os bens componentes de seus acervos patrimoniais pretéritos, atuais e futuros, salvo na hipótese de eleição de qualquer outro regime por meio do pacto antenupcial. Portanto, no silêncio das partes incidia o regime da comunhão universal de bens,

---

[91] CARDOSO, Fabiana Domingues. *Regime de Bens e Pacto Antenupcial*. São Paulo: Método, 2010. p. 165.
[92] MADALENO, Rolf Hanssen. A crise conjugal e o colapso dos atuais modelos de regime de bens. *Revista Brasileira de Direito das Famílias e Sucessões*, Porto Alegre, v. 13, n. 25, p. 15, dez. 2011/jan. 2012.

situação que perdurou até a edição da Lei n. 6.515 de 1977, quando o regime legal de bens passou a ser o da comunhão parcial – regra esta mantida até os dias de hoje.[93]

No atual ordenamento jurídico brasileiro, portanto, o regime mais difundido é o da comunhão parcial de bens, aplicável quando do silêncio das partes (ausência de pacto antenupcial elegendo modalidade de regime diversa) ou ineficácia do pacto antenupcial.

A alteração do regime da comunhão universal para o da comunhão parcial como o regime legal é fruto da evolução histórica dos direitos da mulher e de sua emancipação da posição de subalterna do esposo no lar conjugal. A partir da constatação de sua aptidão à construção de patrimônio familiar, não mais persistiu necessária a prevalência de um regime calcado em uma cultura já ultrapassada, na qual a mulher, considerada incapaz à labuta, se submetia às decisões do marido. E é justamente de forma atenta ao caráter contratual do casamento que se julga conveniente a preservação do patrimônio individual de cada consorte, tal como se opera no regime da comunhão parcial.[94] Para Sílvio Venosa:

> Regime da comunhão parcial é aquele em que basicamente se excluem da comunhão os bens que os cônjuges possuem ao casar ou que venham adquirir por causa anterior e alheia ao casamento, como as doações e sucessões; e em que entram na comunhão os bens adquiridos posteriormente, em regra, a título oneroso. Trata-se de um regime se separação quanto ao passado e de comunhão quanto ao futuro.[95]

Ao prescrever a comunhão dos aquestos, o regime estabelece um espírito de união entre os cônjuges, o que, na opinião de Maria Helena Diniz, contribui para que se mantenha hígida a união no decurso dos anos, afinal, ainda, os bens particulares de cada qual restarão privados de comunicação, permanecendo sob a propriedade única do cônjuge exclusivo proprietário ou que haja sido beneficiado por doação ou herança.[96]

No Código Civil, a espécie é regida pelos artigos 1.658 ao 1.666, que versam sobre os bens que entram e que se excluem da união. A regra impõe que a administração dos bens comuns será de competência de qualquer dos cônjuges, enquanto a dos bens particulares de cada um será do respectivo proprietário. Ainda, faculta ao juiz a atribuição da administração dos bens a um dos consortes quando comprovada

---

[93] MIRANDA, Pontes de. *Tratado de Direito Privado*. Tomo 8. Campinas: Bookseller, 2000. p. 290.

[94] RIZZARDO, Arnaldo. *Direito de Família*. 8. ed. Rio de Janeiro: Forense, 2011. p. 566.

[95] VENOSA, Sílvio de Salvo. *Direito Civil*: direito de família. 12. ed. São Paulo: Atlas, 2012. p. 178.

[96] DINIZ, Maria Helena. *Curso de Direito Civil Brasileiro*. 27. ed. São Paulo: Saraiva, 2012. p. 185.

a malversação do patrimônio em comum, bem como constitui a obrigação de ambos os parceiros no que diz respeito às dívidas contraídas (por qualquer das partes) sobre estes.

Entretanto, protege-se o cônjuge da responsabilização quanto às dívidas contraídas pelo consorte na administração de seus bens particulares, salvo quando comprovado que tal se procedeu em benefício da entidade familiar ou de que também delas extraiu proveito. Em contrapartida, é exigido aos cônjuges que anuam expressamente para os atos, a título gratuito, que constituam cessão do uso ou gozo de bens comuns.[97]

Na comunhão parcial, comunicam-se todos os bens adquiridos na constância conjugal a título oneroso, independentemente de terem sido adquiridos por apenas um dos cônjuges ou estarem no nome de apenas um deles. Outrossim, comunicam-se aqueles obtidos por fato eventual, doação, herança ou legado quando em favor de ambos os cônjuges, bem como benfeitorias em bens particulares de cada um dos parceiros. Ainda, também os frutos dos bens comunicar-se-ão, independentemente de proviram de bens comuns ou particulares.[98]

Não são passíveis de comunicação os bens que cada cônjuge possuía ao casar e os que lhe sobrevierem na constância do contrato de casamento por doação, sucessão ou sub-rogação, bem como aqueles adquiridos com valores exclusivamente pertencentes a cada cônjuge (mediante sub-rogação de bens particulares). Também não as obrigações anteriores ao matrimônio ou provenientes de atos ilícitos (salvo se em proveito do casal). Por fim, excluem-se da comunhão os bens de uso pessoal de cada parceiro, livros, instrumentos de profissão; os proventos pessoais de cada cônjuge e as pensões, meios-soldos, montepios e rendas semelhantes.[99]

O regime da comunhão universal trata daquele no qual se procede a formação de um único acervo patrimonial, tornando comuns mesmo aqueles bens preexistentes ao matrimônio. Desde que o regime legal passou a ser o da comunhão parcial (com o advento da Lei n. 6.515 de 1977), a adoção do regime somente se opera mediante pacto antenupcial. Para Arnaldo Rizzardo, na espécie há uma verdadeira "despersonização" do patrimônio individual, surgindo um patrimônio indivisível e comum, sem que se possa, a partir de então,

---

[97] Artigo 1.663 do CCB.

[98] BRAGANHOLO, Beatriz Helena. Casamento civil: regime de bens e seus reflexos patrimoniais e sucessórios. *Revista do CEJ*, Brasília, DF, n. 34, p. 28, set. 2006.

[99] PAIVA, João Pedro Lamana; BURTET, Tiago Machado. Regime de bens: aspectos registrais. *Revista de Direito Imobiliário*, São Paulo, v. 29, n. 60, p. 40, jan./jun. 2006.

localizar a propriedade nos bens. Assevera o doutrinador que a fundição dos bens trazidos por cada consorte constitui-se em uma única massa, que não retornará ao mesmo *status* originário quando do eventual desfazimento do matrimônio.[100]

No Código Civil, coube aos artigos 1.667 ao 1.671 a disciplina da matéria. Não há rol elencando quais bens se comunicam, posto que presumidamente todo e qualquer bem de propriedade dos nubentes comporá o acervo uno patrimonial. Todavia, excluem-se da união, expressamente: os bens doados ou herdados com cláusula de incomunicabilidade e os sub-rogados em seu lugar, os bens gravados de fideicomisso e o direito do herdeiro fideicomissário, antes de realizada a condição suspensiva, as doações antenupciais feitas de um cônjuge ao outro com a cláusula de incomunicabilidade e as dívidas anteriores ao matrimônio, ressalvadas aquelas que se reverterem em proveito comum ou originadas de despesas com os bens aprestos. Ainda, também se excluem os bens de uso pessoal, livros, instrumentos de profissão, proventos do trabalho pessoal de cada cônjuge, pensões, meios-soldos, montepios e rendas semelhantes. Ainda, de acordo com o artigo 1.669 do Código Civil, a incomunicabilidade dos frutos dos mencionados bens não se opera quando estes se percebam ou vençam durante o casamento.

Vejamos, portanto, que há similitude em diversos aspectos entre os regimes da comunhão universal e parcial. Com efeito, as mais relevantes diferenças dizem respeito à comunicabilidade dos bens precedentes à união na daqueles sobrevindos por doação ou herança, porquanto no regime da comunhão universal estes somente não integram o acervo comum quando gravados por cláusula expressa de incomunicabilidade. Inclusive, o artigo 1.670 do mesmo diploma legal estatui que, quanto à administração dos bens, as regras que regem são as mesmas aplicáveis ao regime da comunhão parcial.

O regime da separação de bens é gênero que congrega duas espécies: separação convencional e separação obrigatória de bens, também denominada a última de separação legal. A primeira é a que tem origem no pacto antenupcial, quando os nubentes, no exercício da autonomia privada, elegem a modalidade de separação de bens. A segunda é resultante da aplicação do artigo 1.641, II, do Código Civil, quando o matrimônio ocorre entre cônjuges que possuam – ao menos um – idade igual ou superior a 70 anos, entre aqueles que dependam de suprimento judicial para casarem-se ou o fazem com inobservância às cláusulas suspensivas da celebração (como uma espécie de "pena-

---

[100] RIZZARDO, Arnaldo. *Direito de Família*. 8. ed. Rio de Janeiro: Forense, 2011. p. 577.

lidade" por dita inobservância), as quais se encontram previstas no artigo 1.523 do Código Civil.[101]

Desde a publicação do atual Código Civil e até o advento da Lei 12.344/2010, a idade a partir da qual o regime da separação obrigatória se impunha era a de 60 anos. Desta forma, às uniões ou matrimônios iniciados antes da publicação da lei que majorou a idade, e sob a vigência da regra anterior, o regime permanece sendo o da separação obrigatória de bens, haja vista a irretroatividade legal.

Dentre os quatro apontados regimes de bens, é o da separação de bens que melhor preserva a individualidade patrimonial das partes. Em qualquer das espécies – convencional ou obrigatória –, os cônjuges resguardam intactos seus bens e economias pessoais. Mantêm eles o domínio, administração, disponibilidade de bens (pretéritos, presentes e futuros) como também a responsabilidade pelas dívidas anteriores e posteriores ao matrimônio. É a espécie regulamentada pelos artigos 1.687 e 1.688 do Código Civil, dispondo, este primeiro, que os consortes poderão livremente alienar e gravar de ônus real seus bens, o que era vedado pelo Código de 1916.[102]

Há ferrenha discussão doutrinária e jurisprudencial acerca da interpretação e constitucionalidade da Súmula 377 do STF, a dispor que "No regime da separação legal de bens, comunicam-se os adquiridos na constância do casamento". Dita Súmula, em realidade, impõe que os cônjuges (e companheiros, por alusão) terão direito à meação do parceiro sobre os bens havidos na constância conjugal, a despeito de o regime de bens incidente ser o da separação obrigatória, posto que lhes fora furtada a prerrogativa de eleger o regime de bens de sua legítima vontade.[103]

De igual forma, há dissonância de entendimentos acerca da necessidade ou dispensabilidade de o cônjuge ou companheiro terem de comprovar o esforço na aquisição dos bens para efeito de reconhecimento de meação sobre estes. Acertado é o entendimento de que os bens adquiridos na constância da união estável devem ser ame-

---

[101] Art. 1523 do CCB: Não devem casar: I – o viúvo ou a viúva que tiver filho do cônjuge falecido, enquanto não fizer inventário dos bens do casal e der partilha aos herdeiros; II – a viúva, ou a mulher cujo casamento se desfez por ser nulo ou ter sido anulado, até dez meses depois do começo da viuvez, ou da dissolução da sociedade conjugal; III – o divorciado, enquanto não houver sido homologada ou decidida a partilha dos bens do casal.

[102] VENOSA, Sílvio. *Direito Civil:* direito de família. 12. ed. São Paulo: Atlas, 2012. p. 191.

[103] PEREIRA, Sérgio Gischkow. Regimes de bens. *Revista dos Tribunais on line.* Disponível em: <http://www.revistadostribunais.com.br/maf/app/resultList/document?&src=rl&srguid=i0ad81815000013930605d96b100ba37&docguid=I341924a0f25111dfab6f010000000000&hitguid=I341924a0f25111dfab6f010000000000&spos=12&epos=12&td=79&context=&startChunk=1&endChunk=1#>. Acesso em: 10 ago. 2014.

alhados pelo parceiro tão somente quando restar comprovado o esforço comum. Reputando-se despicienda a prova do esforço comum, estar-se-á a igualar os regimes da separação obrigatória ao regime da comunhão parcial de bens, o que evidentemente destoa do *telos* do enunciado sumular, que não objetiva "transmutar" um regime de bens (separação obrigatória) em outro (comunhão parcial), tendo como exclusivo escopo salvaguardar a meação das partes em relação aos bens adquiridos em conjugação de esforços materiais.

Para Sérgio Gischkow Pereira, dita Súmula teve alicerce no artigo 259 do anterior Código Civil, que por sua vez dispunha que, independentemente do regime de bens, no silêncio, os princípios da comunhão de bens prevaleceriam. Prezava-se, assim, pela comunhão de bens de forma ostensiva, como se um princípio fosse, e cuja concreção seria sempre bem-vinda quando as partes se quedassem silentes.[104]

Maria Berenice Dias, por sua vez, refere que a Súmula somente veio a mitigar os nefastos efeitos decorrentes da imposição de um regime de bens separatório, indesejado pelo casal e atentatório do princípio da livre escolha do regime de bens. Na visão da autora, desconhecer direito de meação sobre os aquestos em um casamento cujo regime de separação teve de ser involuntariamente digerido pelo casal configuraria enriquecimento ilícito daquele que colocou o patrimônio em seu nome, já que, não fosse a fleumática norma impositiva do regime de separação, os direitos seriam partilhados justa e devidamente entre os cônjuges, prescindindo-se de qualquer prova de conjunto esforço para sua aquisição.[105]

Nas uniões estáveis, as mesmas regras contidas no artigo 1.641 do Código e na Súmula 377 do STF são aplicadas de forma alusiva, tendo assim se posicionado o STJ, fortalecendo a necessária isonomia entre os institutos do casamento e da união estável.[106] Ora, inadmissível não se estender aos companheiros as mesmíssimas limitações previstas para os casados na hipótese de um deles já contar com a idade-limite a ensejar a aplicação da regra contida no dispositivo legal

---

[104] PEREIRA, Sérgio Gischkow. Regimes de bens. *Revista dos Tribunais on line*. Disponível em: <http://www.revistadostribunais.com.br/maf/app/resultList/document?&src=rl&srguid=i0ad81815000013930605d96b100ba37&docguid=I341924a0f25111dfab6f010000000000&hitguid=I341924a0f25111dfab6f010000000000&spos=12&epos=12&td=79&context=&startChunk=1&endChunk=1#>. Acesso em: 10 ago. 2014.

[105] DIAS, Maria Berenice. *Manual de Direito das Famílias*. 8. ed. São Paulo: Revista dos Tribunais, 2011, p. 251.

[106] Superior Tribunal de Justiça. *Recurso Especial n. 646.259/RS*. Relator: Luis Felipe Salomão. Publicado em 22.06.2010. Disponível em: <https://ww2.stj.jus.br/revistaeletronica/ita.asp?registro=200400321539&dt_publicacao=24/08/2010> Acesso em: 12 dez. 2014.

mencionado em voga, sob pena de prestigiar-se o instituto da união estável em detrimento do casamento. Afinal, clarividente que a intenção do legislador não foi conferir ao instituto que requer seja convertido em casamento uma maior gama de direitos do que a este último, conclusão facilmente extraída de uma sistemática interpretação do hodierno Direito de Família brasileiro.

Por fim, o quarto regime de bens expressamente vigente no ordenamento jurídico, trazido como novidade pelo novo Código Civil, é o da participação final nos aquestos. Trata de um regime "misto": durante a constância do casamento, vigora o regime da separação de bens – cada cônjuge administra de forma exclusiva o patrimônio em seu nome, podendo alienar livremente seus bens móveis –, mas ao advir a dissolução conjugal, o regime que se aplica é muito semelhante ao da comunhão parcial.[107] Segundo a regra, sobrevindo a dissolução da sociedade conjugal, o montante dos aquestos é apurado, excluindo-se deste a soma dos patrimônios próprios, quais sejam: bens anteriores ao casamento (e os sub-rogados em seu lugar), os que tocarem a cada cônjuge por sucessão ou liberalidade e as dívidas relativas a estes bens.

Jurandir Sebastião definiu didaticamente o regime da participação final dos aquestos:

> No regime de participação final nos aquestos, a administração é exclusiva de cada qual dos cônjuges, relativamente ao patrimônio individual. Para o casamento, cada qual dos consortes leva uma bola (círculo) de patrimônio: o marido, a bola "A"; a mulher, a bola "B". A partir do casamento, cada qual dos cônjuges continuará aumentando a respectiva bola, com heranças e doações, e também com o produto de seu trabalho exclusivo, em razão da administração exclusiva de cada qual. Paralelamente a isso, ambos passarão a formar a bola "C", apenas pelo trabalho em conjunto, ou eventuais doações ou heranças expressamente em favor de ambos. Por ocasião do desfazimento do casamento, cada cônjuge ficará com a sua respectiva bola ("A" e "B") e ambos dividirão ao meio a bola "C".[108]

Há, ainda, regimes de bens dotados de particularidades que não lhes permitem a subsunção a qualquer dos específicos regimes ora abordados. São os regimes "híbridos", "mistos", que congregam, em sua essência, regras próprias, advindas de mais de um dos regimes de bens em vigor. Os nubentes, portanto, elegem modalidade personalizada, a ser explorada de acordo com a realidade patrimonial

---

[107] BRAGANHOLO, Beatriz Helena. Casamento civil: regime de bens e seus reflexos patrimoniais e sucessórios. *Revista do CEJ*, Brasília, DF, n. 34, p. 30, set. 2006.

[108] SEBASTIÃO, Jurandir. O regime de bens de participação final nos aquestos (art. -1672 a art-1686 do código civil de 2002). *Adv:* Seleções Jurídicas, São Paulo, coad, p. 1-5, nov. 2004. VENOSA, Sílvio de Salvo. Contratos afetivos: o temor do amor.*Revista Magister de Direito Civil e Processual Civil*, Porto Alegre, v. 8, n. 44, p. 05, set./out. 2011.

vivenciada ou mesmo esperada a se propagar no decorrer dos próximos anos.

A título de exemplo, temos regimes que disponham que, em relação a bens imóveis, o regime será o da separação de bens, enquanto que em relação a bens móveis será o da comunhão parcial. Outro exemplo ilustrativo é a composição de regime de bens que gradativamente amplie a comunicabilidade havida, como a dispor que nos primeiros anos o regime será o da separação e, completados "x" anos de casamento o regime, automaticamente, passará a ser o da comunhão parcial, ressalvados, sempre, os direitos de terceiros.

Aspectos de cunho econômico hão que ser cuidadosamente considerados no momento da formalização do pacto que cria dita modalidade de regime de bens, tais como as perspectivas profissionais dos nubentes (nível de formação profissional, metas e aspirações), planejamentos conjuntos, individuais, acervo patrimonial particular de cada parte e, até mesmo, herança a ser recebida em vida.

Conforme restará abordado, variáveis subjetivas, costumes familiares e mesmo preconceitos enraizados na sociedade coíbem uma profícua análise por parte dos nubentes acerca dos aspectos econômicos e materiais do casamento, fazendo com que muitas vezes abdiquem de estruturar um contrato alicerçado em cláusulas versantes sobre grande parte das contingências passíveis de ocorrência no curso natural de sua vida a dois. E isso cria território propenso a manejo de fraudes patrimoniais, vindo a majorar custos de transação atinentes à viabilidade de um acordo eficiente futuro na hipótese de sobrevir a ruptura conjugal.

Novidade trazida também pelo Código Civil em vigor é a possibilidade de alteração do regime de bens no curso do contrato matrimonial, conforme dita o artigo 1.639, § 2º, do diploma civilista.[109] O pedido de alteração de regime de bens do casamento, em qualquer hipótese, deverá ser fundamentado e veiculado em Juízo, mediante interposição de ação própria. A exigência é medida que permite averiguar se o intento não caracteriza fraude contra terceiros, constituindo-se em manejo com o exclusivo propósito de fraudar direitos e obrigações pré-constituídas.

A novel possibilidade suscitou calorosa dissensão jurisprudencial, já que a medida era vedada pelo Código Civil de 1916 e, por tal

---

[109] Art. 1.639, § 2º, do CCB: É admissível alteração do regime de bens, mediante autorização judicial em pedido motivado de ambos os cônjuges, apurada a procedência das razões invocadas e ressalvados os direitos de terceiros.

razão – dada a inércia legislativa –, desconhecia-se a aplicabilidade da norma aos matrimônios realizados sob lume do precedente diploma.

O artigo 2.039[110] do Código em vigor, por seu turno, determina que os regimes de bens dos casamentos celebrados na vigência do Código anterior são aqueles por ele estabelecidos, dando azo a interpretações contrárias à possibilidade de alteração de regime de bens naqueles casamentos consagrados sob a vigência do Código Civil pretérito. Maria Berenice Dias, acertadamente, refere ser mister reconhecer que não há qualquer coerente vedação à mudança a partir da exegese dos ora mencionados dispositivos legais.[111] Na hipótese, cabe ser invocado o princípio da lei mais benéfica, de modo que se permita a alteração do regime de bens a qualquer tempo, independentemente da data na qual celebrado o matrimônio. Compreensão distinta, aliás, conduziria a uma ilegítima restrição da liberdade, quando que, de acordo com a hermenêutica jurídica, regras restritivas não podem ser interpretadas extensiva ou alusivamente.[112]

Posição infensa é sustentada por Maria Helena Diniz. A autora chama a atenção para a eficácia residual do Código anterior, sustentando que, mesmo revogado, seus efeitos jurídicos permanecem sendo irradiados no que tange aos regimes de bens. Contudo, a jurista relativiza a regra da imutabilidade nas hipóteses em que o magistrado julgar adequadas e passíveis de alteração, o que conduzirá sempre a uma interpretação casuística e a ensejar a aplicação do artigo 5º da LINDB (Lei de Introdução às normas do Direito Brasileiro)[113] como mecanismo a preencher lacunas axiológicas.[114]

Muitas são as hipóteses a justificar o pedido de alteração de regime. O artigo 977 do Código Civil exemplifica uma delas, na medida em que veda a constituição de sociedade empresarial por parte de cônjuges casados pelo regime da comunhão universal.[115] Assim, caso o casal opte por fazê-lo, deverá apresentar requerimento fundamentado

---

[110] Art. 2.039 do CCB: O regime de bens nos casamentos celebrados na vigência do Código Civil anterior, Lei nº 3.071, de 1º de janeiro de 1916, é o por ele estabelecido.

[111] DIAS, Maria Berenice. *Manual de Direito das Famílias*. 8. ed. São Paulo: Revista dos Tribunais, 2011, p. 253.

[112] MOTTA, Carlos Dias. *Direito Matrimonial e seus Princípios Jurídicos*. São Paulo: Revista dos Tribunais, 2009. p. 400.

[113] Art. 5º da LINDB: Na aplicação da lei, o juiz atenderá aos fins sociais a que ela se dirige e às exigências do bem comum.

[114] DINIZ, Maria Helena. *Comentários ao Código Civil:* parte especial: disposições finais e transitórias (arts. 2.028 a 2.046). São Paulo: Saraiva, 2003. p. 360.

[115] Art. 977 do CCB: Faculta-se aos cônjuges contratar sociedade, entre si ou com terceiros, desde que não tenham casado no regime da comunhão universal de bens, ou no da separação obrigatória.

em Juízo, elucidando a razão. Ainda, hipótese outra é estrangeiro que pleiteia a adoção do regime da comunhão parcial quando de sua naturalização como brasileiro, nos termos do artigo 7º, § 5º, da LINDB.[116]

Aliás, mesmo aqueles casos sujeitos à imposição do regime da separação obrigatória de bens (por força do já abordado artigo 1.641 do Código Civil) serão passíveis de alteração de regime a partir de quando superada a causa que atraiu a imposição do regime obrigatório. Bastará, portanto, motivada fundamentação judicial e expresso requerimento neste sentido.[117]

Quanto à retroatividade, tem-se hoje que, com relação a terceiros de boa-fé, já portadores de direitos perante o casal, serão sempre *ex nunc* os efeitos, conferindo-se a esperada segurança jurídica. Em contrapartida, ressalvada esta hipótese, serão *ex tunc*, como regra, quando o regime futuro vier a ampliar o acervo patrimonial conjugal (conjunto), retroagindo à data da celebração. Todavia, poderá a sentença impor outra data específica como termo inicial dos efeitos que dela irradiam, matéria a ser sempre apreciada casuisticamente.[118]

Veja-se que a questão se torna mais delicada quando o regime "pós-eleito" redunda na restrição do patrimônio em comum: seja da comunhão universal para a parcial, seja da comunhão parcial para a separação total, como exemplos. Com propriedade sobre o assunto, Rolf Madaleno alerta que, sob risco de convalidação de fraude, dever-se-á, nesses casos, proceder-se na prévia liquidação do regime anterior e correlata divisão do patrimônio já amealhado. Ou seja: a realização de uma verdadeira partilha de bens.[119]

Neste sentido também afigura a decisão lavrada por parte do Tribunal de Justiça do Rio Grande do Sul, datada de 28 de julho de 2011, de relatoria do Desembargador Luis Felipe Brasil Santos. Ao comungar do entendimento de que necessária a partilha de bens quando o intuito é a restrição patrimonial, o magistrado ainda enfatiza que qualquer negativa de alteração do regime de bens por parte do Estado

---

[116] Art. 7º, § 5º, da LINDB: O estrangeiro casado, que se naturalizar brasileiro, pode, mediante expressa anuência de seu cônjuge, requerer ao juiz, no ato de entrega do decreto de naturalização, se apostile ao mesmo a adoção do regime de comunhão parcial de bens, respeitados os direitos de terceiros e dada esta adoção ao competente registro.

[117] DIAS, Maria Berenice. *Manual de Direito das Famílias*. 8. ed. São Paulo: Revista dos Tribunais, 2011. p. 252.

[118] PEREIRA, Sérgio Gischkow. Regimes de bens. *Revista dos Tribunais on line*. Disponível em: <http://www.revistadostribunais.com.br/maf/app/resultList/document?&src=rl&srguid=i0ad818150000013930605d96b100ba37&docguid=I341924a0f25111dfab6f010000000000&hitguid=I341924a0f25111dfab6f010000000000&spos=12&epos=12&td=79&context=&startChunk=1&endChunk=1#>. Acesso em: 10 ago. 2014.

[119] MADALENO, Rolf. *Curso de Direito de Família*. 4. ed. Rio de Janeiro: Forense, 2008. p. 702.

configura indevida ingerência na esfera privada da vida dos consortes, impondo-se, contudo, em qualquer hipótese, a preservação do interesse de terceiros.[120]

Conforme analisado, é no ato de assinatura da escritura de declaração de união estável o momento em que aos conviventes é viabilizada a eleição de regime de bens distinto da comunhão parcial. Todavia, a mera inexistência de tal documento não coíbe o reconhecimento posterior da união, seja quando finda (em sede de dissolução judicial ou extrajudicial), seja no decorrer de sua vigência, o que permite uma "alteração" de regime a qualquer tempo e sem qualquer restrição. Explique-se: imaginemos um casal que convive há cerca de cinco anos sem a formalização documental de sua união. Ora, ao longo dos decorridos cinco anos, o regime de bens aplicável foi o legal (comunhão parcial), haja vista o silêncio dos companheiros no tocante a qualquer escolha. Todavia, nada, legalmente, obsta que se dirijam a tabelionato de notas, a qualquer momento, e declarem conviver por estes cinco anos sob o regime da separação total. Ou, ainda, o que é pior: caso optem pela consensual dissolução da união, nada veda a hipótese de que, naquele momento, elejam o regime da separação de bens, prescindindo de qualquer liquidação prévia tal como exigido aos cônjuges, haja vista a inexistência de disposição legal em qualquer sentido.

Ora, dispensar tratamentos díspares aos institutos, neste aspecto, culmina em uma clara subversão do instituto da união estável, a qual

---

[120] APELAÇÃO CÍVEL. REGIME DE BENS. MODIFICAÇÃO. INTELIGÊNCIA DO ART. 1.639, § 2°, DO CÓDIGO CIVIL. DISPENSA DE CONSISTENTE MOTIVAÇÃO. 1. Estando expressamente ressalvados os interesses de terceiros (art. 1.639, § 2°, do CCB), em relação aos quais será ineficaz a alteração de regime, não vejo motivo para o Estado Juiz negar a modificação pretendida. Trata-se de indevida e injustificada ingerência na autonomia de vontade das partes. Basta que os requerentes afirmem que o novo regime escolhido melhor atende seus anseios pessoais que se terá por preenchida a exigência legal, ressalvando-se, é claro, a suspeita de eventual má fé de um dos cônjuges em relação ao outro. Três argumentos principais militam em prol dessa exegese liberalizante, a saber: 1) não há qualquer exigência de apontar motivos para a escolha original do regime de bens quando do casamento; 2) nada obstaria que os cônjuges, vendo negada sua pretensão, simulem um divórcio e contraiam novo casamento, com opção por regime de bens diverso; 3) sendo atualmente possível o desfazimento extrajudicial do próprio casamento, sem necessidade de submeter ao Poder Judiciário as causas para tal, é ilógica essa exigência quanto à singela alteração do regime de bens. 2. Não há qualquer óbice a que a modificação do regime de bens se dê com efeito retroativo à data do casamento, pois, como já dito, ressalvados estão os direitos de terceiros. E, sendo retroativos os efeitos, na medida em que os requerentes pretendem adotar o regime da separação total de bens, nada mais natural (e até exigível, pode-se dizer) que realizem a partilha do patrimônio comum de que são titulares. 3. Em se tratando de feito de jurisdição voluntária, invocável a regra do art. 1.109 do CPC, para afastar o critério de legalidade estrita, decidindo-se o processo de acordo com o que se repute mais conveniente ou oportuno (critério de equidade). DERAM PROVIMENTO. UNÂNIME. (RIO GRANDE DO SUL. Tribunal de Justiça. Apelação Cível n. 70042401083. Relator: Luiz Felipe Brasil Santos, 8ª Câmara Cível. Publicado em 04/08/2011).

passará a ser objeto de escolha pelos companheiros quando forem espúrios seus interesses, utilizando-a como estratagema para possíveis fraudes e manejos patrimoniais. Desta forma, a desobrigação ao atendimento de qualquer prévia liquidação de bens permitirá uma livre restrição do grau de comunicação patrimonial dos companheiros a todo e qualquer momento, malferindo, inaceitavelmente, direitos de terceiros que com eles hajam contratado em dado período do curso da união.

Não diferentemente, o mesmo raciocínio deve ser aplicado à conversão de uma união estável em casamento, devendo o intérprete pautar-se em critérios de restrição e ampliação do acervo conjugal como parâmetros a justificar a necessidade (ou não) de uma prévia liquidação de bens, cabendo ser esta exigida sempre em que o interesse das partes for o de alterar o regime para outro que implique a efetiva redução da comunicação dos bens.[121]

---

[121] Sobre conversão de união estável em casamento, vide: MADALENO, Rolf. *Curso de Direito de Família*. 4. ed. Rio de Janeiro: Forense, 2008.

2. Os reflexos socioeconômicos do divórcio

2.1. Formas de Dissolução do Casamento

No Brasil, a partir da proclamação da independência e instauração da monarquia (1822-1889), o Estado permaneceu sob direta influência da Igreja Católica, que consolidara sua jurisdição eclesiástica no casamento a partir do Decreto de 03.11.1828, pregando uma necessária observância às disposições do Concílio de Trento e do Arcebispado da Bahia.[122]

Com a publicação da primeira Constituição brasileira, em 1891, restaram enfim segmentados Estado e Igreja, passando-se a disciplinar o instituto da separação de corpos nos casos de adultério, sevícia, injúria grave, abandono de lar por período predeterminado, entre demais hipóteses. Subsequentemente, em 1917, a partir da publicação do primeiro Código Civil brasileiro, passou a ser regulamentado o fim da sociedade conjugal por via do desquite, o qual poderia ser amigável ou litigioso.

Mediante o desquite, o vínculo conjugal permanecia incólume, promovendo-se tão somente a separação de corpos e a imposição de termo final ao regime de bens em vigência. Na absoluta contramão dos avanços legislativos ocorridos até então, a segunda Constituição da República, de 1934, alçou a indissolubilidade matrimonial à categoria de preceito constitucional, fortificando uma teratológica interpretação do casamento como um contrato *ad eternum*, indissolúvel.[123]

O casamento permaneceu como instituto indissolúvel no Brasil até 1977, quando a Emenda Constitucional n. 9 alterou o texto do § 1º do artigo 175 da Constituição Federal de 1967, possibilitando a dissolução do casamento nos casos expressos em lei sempre que houvesse

---
[122] PEREIRA, Rodrigo da Cunha. *Divórcio*: teoria e prática. 3. ed. Rio de Janeiro: GZ ed., 2011. p. 9.
[123] Idem, p. 9.

prévia separação judicial, por três anos, ou separação fática, por cinco anos, revogando o dispositivo constitucional que vedava para todos os fins a dissolução matrimonial. No mesmo ano, foi promulgada a Lei n. 6.515, de 26 de dezembro, que passou a regular os casos de dissolução da sociedade conjugal e do casamento, bem como seus efeitos e aspectos de cunho processual e procedimental.[124]

Dita Lei, batizada como "Lei do Divórcio", arrolou as hipóteses de término da sociedade conjugal, quais fossem: morte, nulidade ou anulação do casamento, separação judicial ou divórcio, estatuindo ainda que o casamento válido se dissolveria, unicamente, a partir do óbito de um dos cônjuges ou do divórcio.[125] Além disso, referida lei permitia a formulação do divórcio uma única vez ao longo da vida do indivíduo, o que restou revogado pela Lei n. 7.841, de 1989.

Foi neste contexto que entrou em vigor a Constituição Federal de 1988, a qual, em seu artigo 226, § 6º, reduziu os prazos de prévia separação judicial para um ano e separação de fato para dois anos. Na mesma perspectiva, o vigente Código Civil brasileiro adotou o sistema trazido pela lei divorcista, regulamentando as espécies de culpa a serem imputadas ao consorte nas hipóteses de separação judicial culposa.[126]

Conforme será abordado oportunamente, inovação recente foi a promulgação, em 13 de julho de 2010, da Emenda Constitucional n. 66, sugerida pelo Instituto Brasileiro de Direito de Família (IBDFAM), através do Deputado Sérgio Barradas Carneiro (PT/BA). Dita alteração conferiu nova redação ao artigo 226, § 6º, da Constituição Federal, suprimido os requisitos de prévia separação judicial por mais de um ano ou separação fática por mais de dois anos à concessão do divórcio, podendo este, hoje, ser pleiteado de forma direta.[127]

Nos termos do artigo 1.571 do Código Civil, a sociedade conjugal termina pela morte de um dos consortes, nulidade ou anulação do casamento, separação ou divórcio. Ainda, o § 1º do dispositivo dispõe que o casamento válido somente se dissolve pelo divórcio ou pela morte de um dos cônjuges.[128]

---

[124] SILVA, Regina Beatriz Tavares de. *A Emenda Constitucional do Divórcio*. São Paulo: Saraiva, 2012. p. 14.

[125] BRASIL. *Lei do Divórcio*. Lei n. nº 6.515, de 26 de dezembro de 1977. Brasília, 1977, artigo 2º.

[126] SILVA, op. cit., p. 15.

[127] PEREIRA, Rodrigo da Cunha. *Divórcio:* teoria e prática. 3. ed. Rio de Janeiro: GZ ed., 2011. p. 11.

[128] Art. 1.571 do CCB: A sociedade conjugal termina: I – pela morte de um dos cônjuges; II – pela nulidade ou anulação do casamento; III – pela separação judicial; IV – pelo divórcio.

Cabe, portanto, breve análise de cada um dos institutos, com ênfase nas modificações trazidas pela Emenda n. 66 de 2010 e nas decorrentes dissonâncias doutrinárias emergidas a partir da atual concepção de divórcio no Brasil.

O sistema jurídico brasileiro, no que tange à dissolução do matrimônio, é dual: afora os casos de invalidade e falecimento de um dos consortes, para a dissolução do vínculo conjugal os consortes hão, primeiramente, que se separar, para que, posteriormente, possam enfim requerer o divórcio. Para Inácio de Carvalho Neto, a maioria das legislações elaboradas até a década de 1970 prevê esta dupla modalidade, atribuindo isso ao fato de que na maioria dos países, assim como no Brasil, o divórcio foi introduzido após a separação judicial.[129]

De acordo com Arnaldo Rizzardo, há diferenças estruturais entre os institutos da separação e do divórcio, ao passo que, enquanto o primeiro culmina na dissolução da sociedade conjugal, o segundo põe termo ao vínculo:

> (...) a separação judicial dissolve a sociedade conjugal, pondo fim a determinados deveres decorrentes do casamento, como o de coabitação e o de fidelidade recíproca, facultando também a partilha patrimonial; o divórcio dissolve o vínculo conjugal – sendo sua grande dimensão, além dos efeitos da separação, a de permitir novo casamento, o que não é possível só com a separação judicial.[130]

Tem-se, assim, que a separação judicial produz efeitos idênticos ao do divórcio, salvo quanto ao rompimento do vínculo conjugal, que a partir da separação permanece intacto. Assim, tendo-se que a separação não dissolve o vínculo, mas unicamente a sociedade conjugal, é vedada às partes a realização de novas núpcias, não podendo o indivíduo separado judicial ou extrajudicialmente recasar-se, sob pena de nulidade do novo matrimônio por afronta ao artigo 1.521, VI, do Código Civil.[131]

Para Rolf Madaleno, é paradoxal que possam as pessoas separadas de fato ou mesmo de direito serem inibidas de contrair novas núpcias, mas não uma união estável – o que se denota do § 1º do artigo 1.723 do Código Civil –, referindo que a dissimetria dos efeitos da separação judicial entre os civilmente casados e os conviventes convi-

---

[129] CARVALHO NETO, Inácio de. O contrato de separação e divórcio consensuais em face da Lei 11.441/2007. In: HIRONAKA, Giselda Maria Fernanda Novaes; TARTUCE, Flávio. *Direito Contratual – Temas Atuais*. São Paulo: Método, 2007. p. 660.

[130] RIZZARDO, Arnaldo. *Direito de Família*. 8. ed. Rio de Janeiro: Forense, 2011. p. 204.

[131] DINIZ, Maria Helena. *Curso de Direito Civil Brasileiro – Direito de Família*. 27. ed. São Paulo: Saraiva, 2012. p. 336.

da a refletir acerca da conveniência da mantença do instituto da separação no ordenamento jurídico brasileiro.[132]

Por certo que a mais expressiva diferença entre os institutos, no entanto, reside na possibilidade de os separados poderem, a qualquer tempo, reconciliar-se, restabelecendo a sociedade conjugal tal como era antes da separação, bastando mero petitório em juízo (artigo 1.577 do Código Civil).

A dualidade inerente à dissolução do matrimônio no Brasil é principalmente fruto da expectativa de eventual reconciliação das partes, o que por sua vez decorre de preceitos religiosos enraizados até hoje no Estado. Tal compreensão, todavia, resta absolutamente ultrapassada na atualidade. Ora, forçoso convir que a melhor alternativa aos casais "indecisos" quanto à ruptura da relação afetiva trata da formalização da separação de corpos (mediante pedido judicial ou lavratura de escritura junto a tabelionato de notas), caso queiram separar-se fisicamente enquanto deliberam acerca do divórcio, figurando-se desnecessário, para tanto, o instituto da separação.[133] Desta forma, faculta-se que ponderem confortavelmente acerca dos benefícios e prejuízos que advirão da ruptura conjugal, partindo para uma decisão mais madura e definitiva acerca da solução divorcista.

Com efeito, dita medida preserva o interesse daqueles que não almejam a imediata dissolução do vínculo, mas que, ao mesmo tempo, buscam o reconhecimento de efeitos jurídicos aplicáveis ao término do relacionamento, tal como o fim da comunicabilidade de bens, não se revelando prática tampouco econômica a imposição "obrigatória" de um procedimento desnecessariamente complexo, compartimentado em duas etapas desgastantes a todos os envolvidos.

O Código Civil arrola como causas que impõem término ao matrimônio a separação, o divórcio, a invalidade do contrato de casamento e o óbito de uma ou de ambas as partes. Contudo, em cada qual dessas modalidades verifica-se presente o elemento real que determina o verdadeiro término da união havida, qual seja: a cessação da comunhão de vidas!

De acordo com Rodrigo da Cunha Pereira, "se a realidade fática faz o casamento acabar, não é possível, e muito menos razoável, que ela não seja considerada também, e por si só, como uma realidade

---

[132] Art. 1.723, § 1º, do CCB: A união estável não se constituirá se ocorrerem os impedimentos do art. 1.521; não se aplicando a incidência do inciso VI no caso de a pessoa casada se achar separada de fato ou judicialmente.

[133] MADALENO, Rolf. *Curso de Direito de Família*. 4. ed. Rio de Janeiro: Forense, 2008. p. 196.

jurídica".[134] Assim sendo, se não há mais comunhão de vidas, não há mais razoabilidade em persistir a comunicabilidade patrimonial dos consortes, já desprovidos da *affectio maritalis*, elemento que deve permear toda e qualquer sociedade conjugal como condição à sua substancial existência.

Cabe referir, todavia, que até que seja efetivada a partilha do acervo patrimonial das partes em ação de separação ou divórcio, os cônjuges mantêm a obrigatoriedade na obtenção da outorga marital ou uxória para os atos previstos pelo artigo 1.647 do Diploma Civil, já que, ao menos formalmente, e perante o Registro de Imóveis e terceiros, o estado civil permanece inalterado.

O próprio Código Civil menciona a separação fática como o elemento a impor termo final à vigência das núpcias, embora indiretamente: no artigo 1.683, que versa sobre o regime de comunhão final nos aquestos; no artigo 1.830, ao dispor que a separação fática é elemento exterminativo do direito à herança e, ainda, no § 2º do artigo 1.580 do Código Civil, ao admitir o requerimento do divórcio após comprovada separação fática por mais de dois anos. Para Orlando Gomes:

> O elemento objetivo é a própria separação, passando os cônjuges a viver em tetos distintos, deixando, por outras palavras, descumprir o dever de coabitação, no mais amplo sentido da expressão. O elemento subjetivo é o animus de dar como encerrada a vida conjugal, comportando-se como se o vínculo matrimonial fosse dissolvido.[135]

Comunga do entendimento de que é a separação de corpos que põe fim à comunicabilidade patrimonial o Superior Tribunal de Justiça, nos termos do julgamento do Recurso Especial de n. 555.771-SP, de relatoria do Ministro Luis Felipe Salomão:

> Por um lado, autorizar a comunicação dos bens adquiridos no período de separação de fato – sobretudo na espécie, em que já transcorrido termo necessário ao divórcio direto (art. 40 da Lei 6.515/77) – representaria enriquecimento sem causa daquele que não participou de sua aquisição, visto que, com a ruptura da vida em comum, os acréscimos patrimoniais, via de regra, passam a ser amealhados individualmente, sem qualquer contribuição do outro cônjuge.[136]

Além da separação e do divórcio como modalidades de extinção da sociedade conjugal, figuram a invalidade do matrimônio e o óbito de quaisquer das partes. Se o contrato matrimonial padece de vícios

---

[134] PEREIRA, Rodrigo da Cunha. *Divórcio:* teoria e prática. 3. ed. Rio de Janeiro: GZ ed., 2011. p. 32.

[135] GOMES, Orlando. *Direito de Família*. 10. ed. Rio de Janeiro: Forense, 1998. p. 26.

[136] BRASIL. Superior Tribunal de Justiça. *Recurso Especial n. 555.771/SP*, Relator: Luis Felipe Salomão. Publicado em 18.05.2009. Disponível em: <https://ww2.stj.jus.br/revistaeletronica/ita.asp?registro=200300876307&dt_publicacao=18/05/2009>. Acesso em: 01 ago. 2014.

que o maculam de nulidade, o pedido formulado em juízo há que indicar tais elementos não no intuito do "desfazimento" do vínculo conjugal, já que, para todos os efeitos, tal contrato jamais existiu, mas sim para decreto de sua extinção *ab initio*, mesmo que alguns efeitos possam ser reconhecidos. Nada obsta, todavia, que as partes cumulem pedidos de anulação/anulabilidade e de divórcio, a fim de que o magistrado, ao dar improcedência aos primeiros, possa decretar o divórcio do casamento julgado válido. Nesta hipótese, declarado nulo o contrato matrimonial, o estado civil das partes retornará ao de solteiro, e não ao de divorciado.[137]

Também a morte opera a extinção do casamento. Como é cediço, a morte extingue a personalidade jurídica, desfazendo assim, evidentemente, o vínculo conjugal, alterando o estado civil do cônjuge supérstite para o de viúvo.[138]

O artigo 1.571, § 1º, do Código Civil arrola a presunção de morte atribuída ao ausente como causa de dissolução do vínculo conjugal. Algumas observações fazem-se necessárias: vejamos que pode o cônjuge do ausente optar tanto pelo pedido de divórcio direto, com amparo na Emenda n. 66/2010, como aguardar dez anos até o decreto da presunção de morte, o que se opera a partir da conversão da sucessão provisória em definitiva (matéria regulamentada pelos artigos 22 ao 39 do Código Civil). Vale dizer que a conversão da sucessão provisória em definitiva – quando então a morte passa a ser presumida – rompe o vínculo conjugal, não tendo o consorte sobrevivo que tomar nenhuma medida judicial para habilitar-se a novas núpcias, já que passa a gozar, automaticamente, do estado civil de viúvo.[139]

Inácio de Carvalho Neto critica a inércia do legislador civilista ao não prever a possibilidade de o ausente retornar, portando o estado de civil de casado em relação a um cônjuge declarado viúvo. Para o autor, uma vez que a presunção de morte trata de uma presunção relativa (*juris tantum*), melhor seria que o legislador não a houvesse arrolado dentre as demais hipóteses de dissolução do vínculo, cabendo ao cônjuge do ausente que então ingressasse com a respectiva ação de divórcio. A seu ver, a medida inibiria situações incoerentes.[140]

---

[137] GAGLIANO, Pablo Stolze; PAMPLONA FILHO, Rodolfo. *Novo Curso de Direito Civil:* Direito de Família – As famílias em perspectiva constitucional. 2. ed. São Paulo: Saraiva, 2012. p. 531.

[138] Idem, p. 526.

[139] CARVALHO NETO, Inácio de Carvalho. Morte presumida como causa de dissolução do casamento. *Revista IOB de Direito de Família*, São Paulo, n. 60, p. 09.

[140] Idem, p. 10-1.

A Lei n. 11.441/2007 determinou a inclusão do artigo 1.124-A no Código de Processo Civil de 1973, reproduzida no novel Código de Processo Civil (Lei n. 13.105/2015) em seu artigo 733,[141] criando a modalidade de separação e divórcio pela via extrajudicial, mediante lavratura de acordo por escritura pública. Como pressupostos autorizadores, requer-se a inexistência de filhos menores de idade ou incapazes e observância aos requisitos legais quanto aos prazos (exigência última esta superada *ex vi* da Emenda n. 66/2010, friso). O dispositivo prescreve que a escritura não depende de homologação judicial, constituindo título hábil qualquer ato de registro e levantamento de importância depositada em instituições financeiras. Para tanto, é obrigatória a assistência de advogado ou defensor público, podendo estes ser comuns ou exclusivos de cada parte.

No que pertine à possibilidade de reconciliação por escritura pública, o artigo 48 da Resolução n. 35 do Conselho Nacional de Justiça (CNJ) estabelece a possibilidade de a reconciliação dar-se por escritura pública, independentemente de que a separação tenha sido promovida judicialmente. A escritura de reconciliação deve pautar-se nas normas contidas na Lei n. 11.441/2007, observando-se, ainda, o que dispõem os artigos 48, 49 e 50 de tal Resolução do CNJ.[142]

2.2. A Emenda do Divórcio e seus efeitos jurídicos

Conforme referido, entrou em vigor, na data de 13 de julho de 2010, a Emenda Constitucional n. 66, sugerida pelo Instituto Brasileiro de Direito de Família (IBDFAM), através do Deputado Sérgio Barradas Carneiro (PT/BA), conferindo-se nova redação ao artigo 226, § 6º, da Constituição Federal, com a supressão dos requisitos de

---

[141] Art. 733. O divórcio consensual, a separação consensual e a extinção consensual de união estável, não havendo nascituro ou filhos incapazes e observados os requisitos legais, poderão ser realizados por escritura pública, da qual constarão as disposições de que trata o art. 731, § 1º A escritura não depende de homologação judicial e constitui título hábil para qualquer ato de registro, bem como para levantamento de importância depositada em instituições financeiras. § 2º O tabelião somente lavrará a escritura se os interessados estiverem assistidos por advogado ou por defensor público, cuja qualificação e assinatura constarão do ato notarial.

[142] Art. 49. Em escritura pública de restabelecimento de sociedade conjugal, o tabelião deve: a) fazer constar que as partes foram orientadas sobre a necessidade de apresentação de seu traslado no registro civil do assento de casamento, para a averbação devida; b) anotar o restabelecimento à margem da escritura pública de separação consensual, quando esta for de sua serventia, ou, quando de outra, comunicar o restabelecimento, para a anotação necessária na serventia competente e c) comunicar o restabelecimento ao juízo da separação judicial, se for o caso. Art. 50. A sociedade conjugal não pode ser restabelecida com modificações. Art. 51. A averbação do restabelecimento da sociedade conjugal somente poderá ser efetivada depois da averbação da separação no registro civil, podendo ser simultâneas.

prévia separação judicial por mais de um ano ou separação fática por mais de dois anos à concessão do divórcio. Passou dito parágrafo do dispositivo a portar a seguinte redação: "o casamento civil pode ser dissolvido pelo divórcio".

O texto do projeto que deu origem à Emenda era o seguinte: "o casamento civil pode ser dissolvido pelo divórcio consensual ou litigioso, na forma da lei". Mesmo que pareça insignificante, a supressão da expressão "na forma da lei" representou relevante avanço, afinal, caso aprovada a Emenda em sua redação original, estar-se-ia a promover ampla liberdade à jurisprudência, permitindo, conforme afirma Pablo Stolze Gagliano, interpretações equivocadas e retrógadas, na contramão do que pretende a normativa em voga.[143]

Há questionamentos derivados da publicação da Emenda do Divórcio que provocam ampla dissonância doutrinária: o primeiro repousa na discussão acerca da possibilidade ou vedação de discussão de culpa pela dissolução do casamento; o segundo se refere à extinção ou mantença do instituto da separação no ordenamento jurídico.

Com relação ao primeiro, a doutrina majoritária compreende que referida Emenda aboliu a discussão da culpa pelo fim da conjugalidade. Rodrigo da Cunha Pereira aduz que a nova redação conferida ao artigo 226, § 6º, da Constituição Federal somente veio a consolidar a evolução doutrinária e jurisprudencial no sentido de eliminar a possibilidade de discussão de culpa pelo fim do matrimônio. Para o autor, "a pensão alimentícia não pode estar vinculada à culpa, sob pena de se condenar alguém a passar fome ou extrema necessidade". Ainda, refere que "aquilo que o Direito alega como causa, na verdade pode ser consequência".[144]

Na visão de José Fernando Simão, não se trata de afirmar que a culpa, através da Emenda do Divórcio, tenha desaparecido por completo do ordenamento jurídico, referindo que poderá a culpa ser debatida em ações próprias para tal, tais como em ação autônoma de alimentos ou em ação de danos morais em relação ao outro cônjuge. Destaca também o autor ser premissa fundamental da corrente favorável à extinção da culpa que esta somente gera uma inadmissível

---

[143] GAGLIANO, Pablo Stolze. A nova Emenda do Divórcio: primeiras reflexões. In: *Revista Síntese – Direito de Família*, São Paulo, n. 61, p. 90, ago./set. 2010.

[144] PEREIRA, Rodrigo da Cunha. *Divórcio:* teoria e prática. 3. ed. Rio de Janeiro: GZ ed., 2011. p. 52.

morosidade processual para se colocar o almejado fim ao vínculo conjugal.[145]

Na mesma linha, Pablo Stolze Gagliano e Rodolfo Pamplona Filho pontificam que proscrever da seara familista a discussão do elemento subjetivo (culpa ou dolo) figura como solução mais razoável, a despeito de alguns doutrinadores e julgadores ainda valerem-se da ferramenta de investigação da culpa para a determinação de certos efeitos colaterais decorrentes do casamento, tais como, principalmente, fixação de alimentos e uso do nome.[146]

Para Maria Berenice Dias, revela-se draconiana a discussão da culpa no âmbito da dissolução matrimonial:

> A perquirição da causa da separação acabou perdendo prestígio. O fim do casamento passou a ser chancelado independentemente da indicação de um responsável pelo insucesso da relação, seja porque é difícil atribuir a apenas um dos cônjuges a responsabilidade pelo fim do vínculo afetivo, seja porque é absolutamente indevida a intromissão do Estado na intimidade da vida das pessoas. Ao Estado, só cabe dizer amém e dar por findo o casamento.[147]

Rolf Madaleno, partilhando do mesmo entendimento, aduz nada mais justificar, na atualidade, a determinação de um responsável pelo fracasso do casamento, sendo a derrocada conjugal a consequência de uma conjuntura de fatores.[148]

Tal corrente doutrinária coaduna-se com a majoritária jurisprudência dos tribunais brasileiros, cujos julgados ilustram a evolução do pensamento que redundou na própria promulgação da Emenda do Divórcio. Exemplo é o acórdão de recurso de apelação julgado em 13.04.2005 pelo Tribunal de Justiça do Rio Grande do Sul, tombado sob o n. 70010615771, de relatoria do Desembargador Luiz Felipe Brasil Santos. Em tal decisão, a tentativa do cônjuge em imputar causa culposa à esposa restou configurada como mera catarse emocional, simples afã do cônjuge em expungir de si qualquer participação pela falência da relação afetiva, inadmitindo-se disso a sucessão de qualquer efeito jurídico.[149]

---

[145] TARTUCE, Flávio. A usucapião especial urbana por abandono de lar conjugal. In: *Revista Síntese – Direito de Família*, São Paulo, n. 71, p. 195, abr./maio 2012.

[146] GAGLIANO, Pablo Stolze. A nova Emenda do Divórcio: primeiras reflexões. In: *Revista Síntese – Direito de Família*, São Paulo, n. 61, p. 588, ago./set. 2010.

[147] DIAS, Maria Berenice. *Manual de Direito das Famílias*. 8. ed. São Paulo: Revista dos Tribunais, 2011. p. 317.

[148] MADALENO, Rolf. *Curso de Direito de Família*. 4. ed. Rio de Janeiro: Forense, 2008. p. 247.

[149] RIO GRANDE DO SUL. Tribunal de Justiça. *Apelação Cível n. 70010615771*, Relator: Luiz Felipe Brasil Santos, 7ª Câmara Cível. Publicado em 20/04/2005. Disponível em: <http://www.tjrs.jus.br/busca/?tb=proc>. Acesso em: 03 set. 2014.

O Recurso Especial de n. 467184/SP, de relatoria do Ministro Ruy Rosado de Aguiar, publicado em 17.02.2003, pode ser visto como um importante precedente da Corte nesse sentido:

> (...) Manifestando os cônjuges o propósito de obter do Juiz o decreto de separação, e não provados os motivos que eles apresentaram, mas configurada a insuportabilidade da vida conjugal, parece que a melhor solução é decretar-se a separação do casal, sem imputar a qualquer deles a prática da conduta descrita no art. 5º da Lei 6515, de 26.12.77, deixando de se constituir a sentença um decreto de separação-sanção para ser apenas uma hipótese de separação-remédio.[150]

Ainda, cabe referência ao acórdão de n. 270.393-4/2-00, do Tribunal de Justiça de São Paulo, julgado em 04/09/2003, de relatoria do Desembargador Carlos Stroppa, no qual restou consolidado que: "A inexistência de amor autoriza a separação, não a imputação de culpa pelos desentendimentos do casal".[151]

Se antes da publicação da Emenda o repúdio à culpa era uma forte tendência dos tribunais em âmbito nacional, a partir de sua vigência os julgados amparados na premissa restam ainda mais reiterados, notadamente no Tribunal de Justiça do Rio Grande do Sul, estando consagrado o entendimento de que a averiguação da culpa se revela despicienda, não interferindo nos reflexos patrimoniais e econômicos das partes.[152]

Muito embora tenha-se esta como a corrente majoritária, conforme referido, merecem prestígio algumas dissensões, tal como a abalizada por Regina Beatriz Tavares da Silva. Para a autora, a principal finalidade em aferir-se a culpa diz respeito à influência que há na fixação dos alimentos entre os cônjuges:

> É evidente que essa consequencia sancionatória da culpa deverá ser mantida sob a égide da EC n. 66/2010, já que a eliminação desse efeito acarretaria situações

---

[150] BRASIL. Superior Tribunal de Justiça. *RESP. n. 467184/SP*, Relator: Ruy Rosado de Aguiar. Publicado em 17/02/2003. Disponível em: <https://ww2.stj.jus.br/revistaeletronica/ita.asp?registro=200201068117&dt_publicacao=17/02/2003>. Acesso em: 03 set. 2014.

[151] SÃO PAULO. Tribunal de Justiça. *Apelação Cível n. 270.393-4/2-00*, Relator: Carlos Stroppa, 5ª Câmara de Direito Privado. Julgado em 04/09/2003. Disponível em: <http://www.google.com.br/url?sa=t&rct=j&q=&esrc=s&source=web&cd=1&sqi=2&ved=0CCMQFjAA&url=http%3A%2F%2Fxa.yimg.com%2Fkq%2Fgroups%2F21722377%2F415982398%2Fname%2FAULA%2B6%2B%2BSepara%25C3%25A7%25C3%25A3o%2BJudicial.doc&ei=cmd0UN_HBKfD0QH6xoHYAQ&usg=AFQjCNGgOMHnt1u1uoQ1Ae1HBYt9nBHD5A&sig2=6AZBWv9VXmwHJ84QLym82w>. Acesso em: 03 set. 2014.

[152] APELAÇÃO CÍVEL. AÇÃO DE SEPARAÇÃO LITIGIOSA CUMULADA COM PARTILHA DE BENS E ALIMENTOS. CULPA PELA SEPARAÇÃO. Não se perquire acerca da culpa na separação judicial, porque tal questão não traz nenhum reflexo econômico e/ou patrimonial às partes. REDISTRIBUIÇÃO DOS ÔNUS SUCUMBENCIAIS. Existindo sucumbência recíproca, com decaimento de ambas as partes em igual proporção, impõe-se a divisão equanime da sucumbência entre elas. Recurso parcialmente provido. (RIO GRANDE DO SUL. Tribunal de Justiça. *Apelação Cível n. 70025653387*. Relator: Ricardo Raupp Ruschel. Publicado em 29/05/2009).

esdrúxulas, como a de uma mulher violentada em casa pelo marido continuar a sustentá-lo caso seja ela a provedora da família, ou de um homem ter de alimentar plenamente a mulher que o traiu, em benefício até mesmo de seu amante.[153]

Euclides de Oliveira também se posiciona favoravelmente à discussão acerca da culpa quando se está perante litígio relativo a alimentos, uso do nome ou guarda dos filhos, asseverando que, por tal prisma, urge necessária a investigação para um justo e percuciente julgamento.[154]

Inclina-se pela corrente minoritária também o doutrinador Flávio Tartuce, admitindo, no entanto, a mitigação da culpa em algumas hipóteses, tais como quando constatável a culpa recíproca entre os cônjuges ou a dificuldade de sua investigação, o que somente viria a imprimir morosidade em uma ação judicial.[155]

Quanto à influência da questão da culpa na permanência do uso do sobrenome conjugal, o próprio Código Civil excepciona a regra de que o cônjuge inocente pode requerer a supressão do patronímico incorporado ao nome do cônjuge culpado, dispondo que, na hipótese de acarretar evidente prejuízo para identificação, manifesta distinção entre o nome do consorte e dos filhos ou possibilidade de a retirada acarretar-lhe grave dano, reconhecido em decisão judicial, poderá permanecer o cônjuge declarado culpado com o sobrenome do ex-consorte.

Todavia, o entendimento prevalecente é o de que, incorporado o sobrenome, passa a constituir-se em um direito de personalidade e fundamental. Assim, em prol do princípio também da dignidade humana, inconcebível que a culpa atribuída a uma das partes gere qualquer consequência relativa à permanência ou não do sobrenome do ex-parceiro, sendo direito de quem o agregou optar por sua exclusão ou mantença.[156]

Cumpre assinalar que a matéria radica ainda em uma terceira vertente, que milita pela possibilidade de ações de dano moral ancoradas na infração de algum dos deveres matrimoniais. Embora haja jurisprudência e doutrina reconhecendo a hipótese, é bem verdade que a extirpação da culpa do ordenamento se revela incoerente com dita natureza de ação.

---

[153] SILVA, Regina Beatriz Tavares da. *A Emenda Constitucional do Divórcio*. São Paulo: Saraiva, 2012. p. 56.

[154] OLIVEIRA, Euclides de. *Separação ou Divórcio? Considerações sobre a EC. 66*. Disponível em: <http://www.ibdfam.org.br/novosite/artigos/detalhe/682>. Acesso em: 01 set. 2012.

[155] TARTUCE, Flávio. A usucapião especial urbana por abandono de lar conjugal. In: *Revista Síntese – Direito de Família*, São Paulo, n. 71, p. 199, abr./maio 2012.

[156] Ibidem, p. 203.

Um dos primeiros juristas a analisar o impacto da nova Emenda em face dos dispositivos do Código Civil foi Paulo Luiz Netto Lobo. De acordo com o autor, a Emenda fez desaparecer do ordenamento jurídico a separação, que dissolvia unicamente a sociedade conjugal. Assim, com o advento da Emenda, restaria esta absorvida totalmente pela dissolução do vínculo, obtida através do divórcio. Aponta que perdeu sentido o *caput* do artigo 1.571, que disciplina as hipóteses de dissolução da sociedade conjugal por morte, invalidade do matrimônio, separação e divórcio. Para ele, excluída a separação do arcabouço normativo jurídico, as demais hipóteses passariam a alcançar diretamente a dissolução do vínculo matrimonial, porquanto a morte, invalidação e o divórcio, para o doutrinador, dissolvem o casamento, e, *a fortiori*, a sociedade conjugal.[157]

Ainda, defende o jurista que a nova redação conferida ao § 6º do artigo 226 da Constituição Federal importou na revogação dos seguintes dispositivos do Código Civil: *caput* do artigo 1.571; § 2º do artigo 1.571, que alude ao divórcio por conversão; artigos 1.572 e 1.573, que regulamentam as causas da separação judicial; artigos 1.574 ao 1.576, que dispõem sobre os tipos e efeitos da separação judicial; artigo 1.578, que estabelece a perda do direito do cônjuge considerado culpado ao sobrenome do outro; artigo 1.580, que regulamenta o divórcio por conversão da separação conjugal; artigos 1.702 e 1.704, que dispõem sobre os alimentos devidos de um cônjuge ao outro, em razão de culpa pela separação (de modo que, para o divórcio, a matéria está devidamente regulada no artigo 1.694), e, por fim, revogadas todas as expressões "separação judicial" contidas nas demais normas no Código Civil, mormente quando associadas ao divórcio.[158]

Aduz o mesmo autor que a Constituição Federal revoga a legislação infraconstitucional antecedente não compatível com seu texto, referindo que em outros sistemas jurídicos, tais como o de Portugal, se admite a declaração de inconstitucionalidade em razão de norma constitucional superveniente, ao passo que, no Brasil, somente se pode falar em inconstitucionalidade de normas infraconstitucionais posteriores. Assim sendo, entendimento acertado, em sua visão, é o de que as normas versantes sobre o instituto da separação restaram revogadas a partir da publicação da Emenda n. 66/2010.[159]

---

[157] LOBBO, Paulo Luiz Netto. *Divórcio*: alteração constitucional e suas consequências. Disponível em: <http://www.ibdfam.org.br/novosite/artigos/detalhe/629>. Acesso em: 03 set. 2014.
[158] Ibidem.
[159] Ibidem.

Para Pablo Stolze Gagliano, uma persistente duplicidade de processos gera desgastes psicológicos desnecessários às partes envolvidas, bem como evitáveis gastos judiciais. Para o doutrinador, não restam dúvidas de que a nova Emenda suprimiu o instituto da separação, não a recepcionando no ordenamento jurídico. Entrementes, argui que as pessoas já separadas ao tempo da promulgação de dita Emenda não podem ser consideradas "automaticamente" divorciadas, sob pena de gerar-se grave insegurança jurídica e afronta ao ato jurídico perfeito, cabendo aos magistrados das ações de separação judicial em curso, portanto, oportunizar às partes que se manifestem quanto ao interesse de adaptação do pedido ao novo sistema constitucional, mediante possibilidade de conversão do requerimento em divórcio.[160]

Posicionamento contrário é sustentado por Luiz Felipe Brasil Santos e Euclides de Oliveira. Para o último, embora na justificativa do projeto da aludida Emenda Constitucional houvesse expressa menção à eliminação da separação do ordenamento jurídico, tal não consta de sua redação. Para o autor, a despeito de o instituto estar fadado a pouco uso, a mantença da separação é medida que se impõe em um cenário jurídico no qual dissolução da sociedade conjugal e do vínculo são compreensões distintas, cabendo manter-se a faculdade de as partes pleitearem a separação em vez (ou antes) do divórcio:

> (...) tem primazia o regramento novo, da norma constitucional, pela supremacia que lhe é inerente no plano jurídico, o que não significa, porém, a revogação tácita de dispositivos outros, que não dizem respeito ao divórcio, mas, somente, à separação como forma de dissolução da sociedade conjugal.[161]

Como toda a mudança no ordenamento jurídico suscita resistência e questionamentos nos sistemas mais conservadores da sociedade, por certo que um entendimento assente quanto à supressão ou persistência do instituto da separação demandará certo tempo, sendo ainda consideráveis as dissensões doutrinárias no tocante à matéria em apreço.

Na seara jurisprudencial, refira-se que o Tribunal de Justiça do Rio Grande do Sul publicou a Súmula n. 39, a qual dispõe que a Emenda n. 66/2010 tão somente dispensou os requisitos temporais para a possibilidade de concessão de divórcio direto ou requerimento de conversão de separação em divórcio, não tendo sido o instituto da separação, todavia, banido do ordenamento jurídico até então.

---

[160] GAGLIANO, Pablo Stolze. A nova Emenda do Divórcio: primeiras reflexões. In: *Revista Síntese – Direito de Família*, São Paulo, n. 61, p. 92, ago./set. 2010.

[161] OLIVEIRA, Euclides de. *Separação ou Divórcio? Considerações sobre a EC. 66*. Disponível em: <http://www.ibdfam.org.br/novosite/artigos/detalhe/682>. Acesso em: 01 set. 2014.

2.3. Dos alimentos entre cônjuges e companheiros

No Código Civil de 1916, embora não houvesse específica regulamentação de alimentos entre os consortes, o dever de mútua assistência já era previsto como um dos efeitos do casamento, ao mesmo tempo em que ao marido era atribuída a chefia da sociedade conjugal. No sistema anterior, portanto, assim como no direito francês, a obrigação de alimentos entre marido e mulher derivava do dever de mútua assistência entre os cônjuges, ou mesmo do dever de o marido chefiar a família, carente de previsão legal específica.[162]

Modificações substanciais ocorreram no Título que versa sobre alimentos no atual Código Civil. Nele, sua previsão em relação aos cônjuges não advém somente da exegese do dever de mútua assistência, previsto no artigo 1.566, III, diploma civil, restando expressamente consignado o instituto nos artigos 1.568 e 1.694. O primeiro impõe aos consortes que concorram na proporção de seus bens e rendimentos para o sustento da família e educação dos filhos, independentemente do regime de bens. O segundo será elucidado neste capítulo, eis que de maior complexidade e estendido à fase pós-matrimonial.

É o dever de mútua assistência, pois, o sustentáculo da obrigação alimentar havida entre os cônjuges, alusivamente aplicado aos companheiros, na mesma proporção. Trata de ônus que surge na solenidade do casamento e que persiste mesmo depois de dissolvido o vínculo conjugal.

A ideia de assistência mútua repousa tanto nos cuidados que devem ser dispensados ao cônjuge ou companheiro quando enfermo como também no auxílio econômico que deverá ser prestado quando as circunstâncias o exigirem. Destarte, embora possua conotação de auxílio moral, espiritual e psíquico a ser prestado na constância da sociedade afetiva, dito dever contempla igualmente a obrigação material surgida após a ruptura afetiva das partes, quando necessário, mediante estipulação do pagamento de pensão alimentícia.[163]

Neste viés, pode-se afirmar que, enquanto na constância do casamento ou da união estável está-se a tratar de uma obrigação de fazer, a partir da cessação da comunhão transforma-se em obrigação de dar, qual seja: prestação de alimentos em pecúnia ou em espécie (*in natura*).[164]

---

[162] CAHALI, Yussef Said. *Dos Alimentos*. São Paulo: Revista dos Tribunais, 2009. p. 142-3.
[163] Idem, p. 144.
[164] Idem, p. 251.

Para Orlando Gomes, o termo "alimentos" exprime o somatório de prestações para a satisfação das necessidades vitais de quem não as pode prové-las, podendo estes ser fornecidos por parentes, cônjuges ou companheiros, entre si.[165]

No mesmo sentido, preleciona Sílvio Rodrigues que, em Direito, "denomina-se alimentos a prestação fornecida a uma pessoa, em dinheiro ou em espécie, para que possa atender às necessidades da vida". Aduz que a palavra tem um alcance muito mais amplo do que na linguagem vulgar, significando o necessário ao digno sustento.[166]

O direito aos alimentos consiste em tudo aquilo necessário para o "viver" e o "viver com dignidade", tendo-se como finalidade precípua o atendimento às necessidades daqueles que não podem, por si só, prover o sustento de forma satisfatória à garantia de sua dignidade como indivíduos. No que tange à natureza jurídica do direito aos alimentos, e a despeito de alguns doutrinadores considerarem-no como direito pessoal extrapatrimonial, enquanto outros meramente como direito patrimonial, o entendimento mais acertado, em nosso sentir, trata daquele que o classifica como direito de conteúdo misto: tanto patrimonial como pessoal.[167]

A prestação de alimentos pode decorrer de várias fontes, emanando da simples vontade das partes (mediante contrato ou testamento), de ato ilícito ou da própria lei. Com relação à primeira hipótese, os alimentos podem ser avençados entre as partes em ação de separação, divórcio ou dissolução de união estável consensuais – tanto judicial quanto extrajudicialmente –, passando o acordo ostentar natureza alimentícia após a devida homologação. Quando decorre de testamento, pode o testador impor a algum herdeiro que forneça alimentos a um legatário, que pode ou não ser parente seu ou do herdeiro.[168] Emanam de ato ilícito quando o causador de dano se obriga a pensionar vítima ou sua família, tal como previsto, por exemplo, no artigo 948, II, do Código Civil.[169]

Por fim, a prestação de alimentos pode emanar da lei. No Brasil, o instituto encontra-se regulado na Lei n. 5.478/68 (Lei dos Alimentos) e no Código Civil, cabendo a análise da importante diferenciação

---

[165] GOMES, Orlando. *Direito de Família*. 10. ed. Rio de Janeiro: Forense, 1998. p. 427.

[166] RODRIGUES, Silvio. *Direito Civil*: direito de família. 28. ed. rev. atual. por Francisco José Cahali. São Paulo: Saraiva, 2004. p. 374.

[167] GONÇALVES, Carlos Roberto. *Direito Civil Brasileiro – Direito de Família*. São Paulo: Saraiva, 2011. p. 500.

[168] RODRIGUES, op. cit., p. 376.

[169] Idem, p. 376-7.

entre os alimentos naturais ou necessários (necessarium vitae) e os alimentos civis. Os primeiros são aqueles indispensáveis à subsistência do indivíduo, compreendendo despesas com alimentação, vestuário, saúde, habitação, dentre todas as outras essenciais a prover uma vida digna ao alimentando, encontrando-se previstos nos artigos 1.694, § 2º, do Código Civil[170] e 1.704, parágrafo único.[171] Por seu turno, os chamados alimentos civis ou côngruos (necessarium personae) tratam daqueles destinados a manter a qualidade de vida do credor de forma compatível com a condição social usufruída na constância da união, preservando-se, à medida das possibilidades do alimentante, o status social do qual gozava o alimentando nos âmbitos intelectual, psíquico e social, alicerçada a obrigação no artigo 1.694, caput, do Código Civil.[172]

Relevante se faz, igualmente, a distinção entre obrigação e dever de prestar alimentos, portadores de disparidades significativas. A obrigação de prestar alimentos é recíproca, sendo somente exigível a partir da constatação de efetiva necessidade do credor para a satisfação do seu anseio. Entre os cônjuges e companheiros, portanto, fala-se em obrigação, mas não em dever, haja vista a indispensabilidade da prova acerca da carência de recursos financeiros.

Já o dever de sustento da família (artigo 1.566, IV, do Código Civil), por outra banda, comporta o custeio das despesas da prole, sendo as despesas dos menores presumidas e devidas pelos genitores independentemente de observância ao binômio recursos/necessidades, somente ajustando-se a verba alimentar aos ganhos ou possibilidades dos genitores.[173]

A partir de uma análise de suas características, tem-se que os alimentos são personalíssimos, destinados, especificamente, à manutenção da vida com dignidade de determinada pessoa, sendo esta sua particularidade fundamental, e da qual decorrem as demais. Por serem personalíssimos, são incessíveis, conforme dispõe o artigo 1.707 do Código Civil, cabendo salientar que tal diz respeito unicamente

---

[170] Art. 1.694, § 2º, do CCB: Os alimentos serão apenas os indispensáveis à subsistência, quando a situação de necessidade resultar de culpa de quem os pleiteia.

[171] Art. 1.704, parágrafo único, do CCB: Se o cônjuge declarado culpado vier a necessitar de alimentos, e não tiver parentes em condições de prestá-los, nem aptidão para o trabalho, o outro cônjuge será obrigado a assegurá-los, fixando o juiz o valor indispensável à sobrevivência

[172] Art. 1.704, *caput*, do CCB: Se um dos cônjuges separados judicialmente vier a necessitar de alimentos, será o outro obrigado a prestá-los mediante pensão a ser fixada pelo juiz, caso não tenha sido declarado culpado na ação de separação judicial.

[173] PEREIRA, Sérgio Gischkow. *Ação de Alimentos*. Porto Alegre: Livraria do Advogado: 2007. p. 19.

aos alimentos futuros ou vincendos, podendo os alimentos já vencidos ser objeto de cessão de crédito, já que não se diferenciam estes últimos de um crédito comum.[174]

São, ainda, relativamente irrenunciáveis. Entre os parentes em geral, é incontroversa sua irrenunciabilidade, cingindo-se a discussão à possibilidade de renúncia de alimentos entre os cônjuges e companheiros. Neste ponto, a jurisprudência inclinava-se pela irrenunciabilidade dos alimentos entre os consortes, o que culminou na edição da Súmula n. 379 do Supremo Tribunal Federal, a qual impunha a impossibilidade de renúncia de alimentos em acordo de desquite. Entrementes, em face da mudança de paradigma traçado pela Constituição Federal de 1988, e a partir do princípio da igualdade entre homem e mulher, dita Súmula restou superada, passando-se a permitir a renúncia aos alimentos entre companheiros e consortes.

Em tal contexto, e para infeliz surpresa, sobreveio a redação do artigo 1.707 do Código Civil,[175] a vedar a renúncia aos alimentos, na contramão da maciça jurisprudência da época de sua edição. E tal decorreu do tratamento "unificado" que o atual Diploma Civil conferiu ao instituto dos alimentos, pouco diferenciando, em seus dispositivos, os alimentos entre cônjuges ou companheiros daqueles entre parentes em geral.

Para Sérgio Gischkow Pereira, acertadamente, "a intepretação sistemática indica que, havendo completa ruptura do vínculo conjugal e da convivência estável, não há razoabilidade em, mesmo aí, não admitir a renúncia".[176] A mesma postura é adotada por Carlos Roberto Gonçalves, ao afirmar que aludida Súmula não se aplica aos casais divorciados, mas somente separados, cabendo uma interpretação do dispositivo 1.707 consentânea ao entendimento conferido pela jurisprudência até então. Ainda, na mesma linha de raciocínio foi a didática decisão proferida pelo Desembargador gaúcho Luiz Felipe Brasil Santos, elucidando a diferença que há entre "renúncia" e "dispensa" de alimentos, a sustentar que, enquanto a dispensa possibilita o pleito alimentar futuro (caso sobrevenham circunstâncias de fatos inesperados ou naturais que justifiquem a necessidade do pedido), a renúncia impõe a obstaculização plena de tal possibilidade.[177]

---

[174] PEREIRA, Sérgio Gischkow. *Ação de Alimentos*. Porto Alegre: Livraria do Advogado: 2007. p. 19-20.

[175] Art. 1.707 do CCB: Pode o credor não exercer, porém lhe é vedado renunciar o direito a alimentos, sendo o respectivo crédito insuscetível de cessão, compensação ou penhora.

[176] PEREIRA, op. cit., p. 30.

[177] RIO GRANDE DO SUL. Tribunal de Justiça. Apelação Cível n. 70049777352. Relator: Luiz Felipe Brasil Santos. Publicado em: 14/08/2012. Disponível em <http://www.tjrs.jus.br/busca/?tb=proc.>. Acesso em 10 set. 2014.

Conclui-se, assim, que a possibilidade de pedido judicial de alimentos decorrente do rompimento conjugal encontra seu limite no divórcio ou na dissolução de união estável, permitida a pretensão, contudo, àqueles indivíduos separados judicialmente, sendo este o entendimento do Superior Tribunal de Justiça brasileiro, ao decidir que, "após a homologação do divórcio, não pode o ex-cônjuge pleitear alimentos se deles desistiu expressamente por ocasião do acordo de separação consensual".[178]

São os alimentos imprescritíveis e impenhoráveis. Imprescritível é o direito aos alimentos, porém não cada prestação isoladamente analisada, frise-se.[179] São ainda intransacionáveis, o que significa que o direito de obter alimentos não pode ser objeto de transação se não no que se refere a seu valor, época e forma de pagamento. Contudo, discussão tem havido quanto à viabilidade de transação do crédito resultante de alimentos em atraso e quanto à possibilidade de a penhora recair sobre a soma de alimentos provenientes do recebimento de prestações atrasadas, sendo ponderáveis os argumentos a favor de tais possibilidades.[180]

Os alimentos são ainda mutáveis (variáveis de acordo com a alteração das possibilidades do pagante ou necessidades do beneficiário), recíprocos (somente entre parentes, não se aplicando tal característica durante a vigência do poder familiar, conforme afirmado), irrestituíveis ou irrepetíveis (somente o sendo em circunstâncias especialíssimas, tal como desconto equivocado nos contracheques do devedor por excesso), periódicos e irretroativos (não cabendo exigi-los quanto ao período que antecedeu a propositura da ação que os pleiteia). Ademais, são incompensáveis (artigo 1.707 do Código Civil), ressalvados alguns casos constatados na jurisprudência que permitem a compensação a fim de se evitar notório enriquecimento ilícito.[181]

A obrigação de alimentos não é solidária, mas sim conjunta, de acordo com o artigo 1.698 do Código Civil. Intentada a ação contra algum dos parentes coobrigados, portanto, poderá este chamar à lide os

---

[178] BRASIL. Superior Tribunal de Justiça. *AgRg no Ag n. 1044922/SP*, Relator: Raul Araújo. Publicado em 22/06/2010. Disponível em: <http://www.stj.jus.br/SCON/jurisprudencia/doc.jsp?livre=ALIMENTOS+CONJUGE+DISPENSA&&b=ACOR&p=true&t=&l=10&i=1>. Acesso em: 15 set. 2014.

[179] Em relação aos credores maiores e capazes, prescreve em dois anos a pretensão para haver prestações alimentares, da data em que se vencerem, de acordo com o art. 206, § 2º, do Código Civil. Em relação aos alimentandos menores ou incapazes, não se opera a prescrição.

[180] PEREIRA, Sérgio Gischkow. *Ação de Alimentos*. Porto Alegre: Livraria do Advogado: 2007. p. 30-1.

[181] Idem, p. 31-3.

demais coobrigados. Trata de obrigação conjunta, posto que divisível entre os parentes à proporção de suas efetivas possibilidades.[182]

Embora trate de tema polêmico, o melhor entendimento, em nosso sentir, reconhece a relativa transmissibilidade dos alimentos aos herdeiros do devedor, tal como impõe o artigo 1.700 do Código Civil, repetindo norma contida no art. 23 da Lei do Divórcio.[183] São duas as hipóteses em exame: a primeira é quando o credor de alimentos não é herdeiro do *de cujus*, e a segunda quando este é herdeiro. Em qualquer caso, no entanto, o credor terá direito de exigir dos herdeiros, e no limite da herança (artigo 1.997 do Código Civil), a satisfação de seu crédito, bem como que, até a ultimação da partilha, cumpra o espólio com a obrigação do finado, em havendo recursos disponíveis.

A controvérsia reside na solução cabível após a homologação da partilha. Não sendo herdeiro (tal como na comum hipótese de ex-cônjuge ou companheiro que receba pensionamento alimentar), entendimento acertado é o de que, uma vez que a obrigação grava os bens que entram no patrimônio dos herdeiros, impende, quando houver bens para tanto, a composição de capital por parte dos herdeiros para que dele se possa extrair a pensão a ser paga ao alimentando do sucedido, à proporção dos respectivos rendimentos auferidos.

Quando herdeiro for, entretanto, os valores pagos ao alimentando com a partilha haverão que ser "deduzidos" do quinhão atribuível ao herdeiro, sob pena de afronta ao direito constitucional de herança dos demais herdeiros (artigo 5º, XXX, da Constituição Federal).[184]

Oportunas as ponderações de Rolf Madaleno acerca de eventual ingresso de ação revisional de alimentos neste contexto:

> Como direito alimentar transmitido, o valor está sujeito à revisão judicial se houver modificação na situação patrimonial do credor, podendo os alimentos sofrer redução, majoração ou exoneração, se, por exemplo, o alimentando receber quinhão hereditário de considerável proporção, capaz de lhe permitir extrair da herança a sua manutenção pessoal, assim como poderão ser revistos os alimentos se as condições do espólio indicarem a escassez e redução no fluxo dos recursos.[185]

O artigo 1.694, *caput*, do Código Civil, tratou de unificar o rol dos legitimados a reclamar alimentos, autorizando o pleito por parte

---

[182] PEREIRA, Sérgio Gischkow. *Ação de Alimentos*. Porto Alegre: Livraria do Advogado: 2007. p. 34.

[183] Art. 1.700 do CCB: A obrigação de prestar alimentos transmite-se aos herdeiros do devedor, na forma do art. 1.694.

[184] ZULIANI. Ênio Santarelli. Alimentos. In: *Revista Síntese – Direito de Família*, São Paulo, n. 63, p. 103-4.

[185] MADALENO, Rolf. *Curso de Direito de Família*. 5. ed. Rio de Janeiro: Forense, 2008. p. 876.

dos parentes, cônjuges ou companheiros com base no mesmo dispositivo legal.[186] Gize-se, no entanto, que a lei se refere ao parentesco consanguíneo, e não por afinidade, nos termos assinalados pelos artigos 1.696 e 1.697 do Diploma Civil. Tais artigos ainda estatuem que o direito à prestação alimentar é recíproco entre pais e filhos, bem como extensivo a todos os descendentes, recaindo a obrigação nos mais próximos em grau, uns em falta de outros, e que, na falta de ascendentes, a obrigação recairá sobre descendentes, guardada a ordem de sucessão. Na falta destes últimos, recairá sobre colaterais de segundo grau (irmãos), sendo este o limite da extensão de coobrigados.

Veja-se que, enquanto o direito anterior somente previa a obrigação dos parentes mais remotos na falta dos mais próximos, a lei atual arrola taxativamente quais são os parentes coobrigados. Admite-se, assim, a denominada "obrigação complementar", posto que, quando o parente mais próximo detém condições limitadas, os mais remotos são chamados a complementar o montante a ser destinado ao necessitado como pensão alimentícia.

Embora se enumere, dentre os efeitos pessoais do casamento, a obrigatoriedade de os cônjuges concorrerem para o sustento da família (artigo 1.568 do Código Civil), a inovadora regra contida no artigo 1.694 do Código Civil compõe o capítulo que trata dos efeitos patrimoniais, no qual incluído o subtítulo relativo aos alimentos. Os dispositivos legais que regulamentam diretamente a matéria são os artigos 1.694, 1.702, 1.709 e 1.704 do Código Civil. Na legislação revogada, a obrigação somente poderia nascer para o cônjuge responsável (porque reputado culpado) pela dissolução, favorecendo unicamente o inocente (artigo 19 da Lei do Divórcio). Desta forma, o consorte declarado culpado perdia o direito a pleitear pensão alimentícia, independentemente de sua condição de pobreza.[187]

Inovação trazida pelo novel Diploma Civil é a possibilidade de ser fixada a pensão mesmo àquele declarado culpado, havendo meramente uma limitação no valor do pensionamento, que se restringirá às despesas necessárias à subsistência do pedinte (naturais ou necessários), e não à mantença do padrão de vida usufruído na constância do contrato matrimonial ou de união estável (alimentos civis ou côngruos). E distintos são os posicionamentos adotados pela doutrina, havendo respeitáveis juristas defendendo que nem mesmo para

---

[186] Art. 1.694, *caput*, do CCB: Podem os parentes, os cônjuges ou companheiros pedir uns aos outros os alimentos de que necessitem para viver de modo compatível com a sua condição social, inclusive para atender às necessidades de sua educação.

[187] RODRIGUES, Silvio. *Direito Civil*: direito de família. 28. ed. rev. atual. por Francisco José Cahali. São Paulo: Saraiva, 2004. p. 381.

fixação da pensão de alimentos a culpa deverá ser vetor influente no sopesamento entre as necessidades do cônjuge necessitado e possibilidades daquele que ostenta melhores condições de vida, conforme já abordado.

Maria Berenice Dias sustenta que, em não havendo previsão quanto à aferição da culpa para fixação da pensão entre companheiros, não se pode permitir tratamento distinto aos cônjuges. Refere que tal discrímen legal fere o princípio da isonomia, sendo mister eliminar-se a culpa, também, para o efeito de fixação de alimentos ao cônjuge.[188]

Ocorre que a previsão da averiguação da culpa quando da fixação dos alimentos resta contida no ordenamento jurídico, como analisado, crendo-se, assim, que será somente a partir da eliminação de tal previsão que o tema restará incontroverso na doutrina e jurisprudência pátrias, embora muitos tribunais brasileiros já afastem a discussão da culpa para todo e qualquer fim, a contemplar a questão dos alimentos, tal como se vislumbra na grande maioria dos julgados proferidos pelo Tribunal de Justiça do Rio Grande do Sul.[189]

No que diz respeito à necessidade de o cônjuge ou companheiro ter de comprovar não possuir parentes na condição de auxiliá-lo, como requisito elencado ao pleito de alimentos ao ex-consorte ou companheiro no parágrafo único do artigo 1.704 do Código Civil, e não obstante a jurisprudência venha ignorando tal exigência legal, oportuna a transcrição das considerações trazidas por Sérgio Gischkow Pereira nesse sentido:

> Imagine-se uma mulher separada judicialmente, sem aptidão para o trabalho e necessitada de alimentos, mas que tenha pai e mãe vivos, assim como dez irmãos; temos nada mais nada menos do que doze pessoas que poderiam ter condições de prestar alimentos! Precisará a mulher, para conseguir alimentos provisórios, desde logo comprovar que as doze pessoas não têm condições de prestá-los? Afinal, o ônus da

---

[188] DIAS, Maria Berenice. *Conversando Sobre Alimentos*. Porto Alegre: Livraria do Advogado, 2006. 129 p.

[189] APELAÇÃO CÍVEL. DIVÓRCIO. ALIMENTOS. 1. O pedido de alimentos formulado pela apelante fundamenta-se no dever de mútua assistência entre os cônjuges, previsto no art. 1.566, III, do CCB. Contudo, a fixação da verba depende de prova da necessidade de quem os pleiteia e da possibilidade daquele que é chamado a prestar, nos termos do art. 1694, § 1º, do CCB, sendo descabida a perquirição de eventual culpa de algum dos litigantes pelo fim do relacionamento. 2. Considerando (a) o exíguo tempo de duração do casamento (2 anos); (b) o fato de que a autora possui a mesma fonte de renda de antes (um salário mínimo); (c) a ausência de demonstração de despesas maiores daquelas que possuía antes do matrimônio; (d) a ausência de prova da capacidade financeira do demandado em contribuir para o sustento da autora, não tem lugar a estipulação dos alimentos pleiteados. NEGARAM PROVIMENTO. UNÂNIME. (Apelação Cível nº 70054136072, Oitava Câmara Cível, Tribunal de Justiça do RS, Relator: Luiz Felipe Brasil Santos, Julgado em 16/05/2013)

prova é de quem alega. Invocando o princípio interpretativo de que as exegeses, em tema alimentar, não devem tender a prejudicar os alimentos, concluo que não deva se reclamar tal prova para fins simplesmente de alimentos provisórios (...) Que pelo menos a exigência probatória seja deslocada para a instrução do processo, o que é interpretação razoável.[190]

A par da classificação dos alimentos em civis e naturais, conforme abordado, podem os alimentos entre os cônjuges e companheiros classificar-se, ainda como compensatórios ou transitórios, embora não haja expressa previsão legal no ordenamento jurídico acerca destas modalidades.

Cabe aos alimentos compensatórios uma nítida função reparatória, visando a remediar uma situação econômica desfavorável a um dos cônjuges, oriunda da ruptura afetiva. Embora não haja no ordenamento jurídico dispositivo expresso que o regulamente, pode-se afirmar que a hipótese encontra sustentáculo no parágrafo único do artigo 4º da Lei n. 5.478/1968 (Lei dos Alimentos), o qual prevê que parte da renda líquida do patrimônio em comum dos cônjuges, quando administrado exclusivamente por um destes, ao outro será entregue.[191]

Tal pensionamento visa a indenizar um dos consortes pela experimentada repentina queda do padrão socioeconômico desfrutado no curso matrimonial, visando a reduzir, tanto quanto possível, os nefastos efeitos irrompidos a partir da situação de indigência social derivada da separação. Pode consistir no pagamento de uma prestação única, de prestações vitalícias, temporárias ou mesmo na simples entrega de bens que, a partir da renda gerada, lograrão evitar um considerável desequilíbrio econômico entre os consortes, sendo mister ficar claro, contudo, que não há específica regra a ser observada, visto que a correta fixação atenta à disparidade de renda entre as partes, às situações econômicas pretéritas ao consórcio, às perspectivas futuras, dentre demais elementos fáticos a serem averiguados.

Rolf Madaleno, versando sobre o assunto, distingue com clareza a pensão alimentícia da pensão compensatória, elucidando sua efetiva funcionalidade:

> Enquanto a pensão alimentícia está destinada a cobrir as necessidades vitais do credor de alimentos, inclusive para atender a condição econômica do alimentando, constituindo-se em uma verba indispensável para o sustento, habitação, vestuário e assistência médica do destinatário de alimentos, sendo proporcional aos recursos da

---

[190] PEREIRA, Sérgio Gischkow. A influência da culpa nos alimentos entre cônjuges e na união estável. In: MADALENO, Rolf; MILHORANZA, Mariângela Guerreiro. *Atualidades do Direito de Família e Sucessões*. Sapucaia do Sul: Notadez, 2008. p. 442.

[191] GRISARD FILHO, Waldyr. Pensão compensatória: Efeito econômico da ruptura convivencial. In: *Revista Síntese – Direito de Família*, São Paulo, n. 69, p. 117-38, dez./jan. 2012.

pessoa obrigada e às possibilidades do reclamante (CC, art. 1.694, § 1º), em sentido oposto, nos alimentos compensatórios a quantia será determinada em razão do desequilíbrio econômico que sofre um dos cônjuges ou conviventes com a ruptura do vínculo afetivo, e sua finalidade não é a de subsistência, mas a de restaurar, com critério de igualdade, o equilíbrio financeiro vigente entre os consortes ou companheiros por ocasião do divórcio.[192]

Os alimentos transitórios, por seu turno, consistem no pagamento de pensionamento alimentar por tempo predeterminado, destinado a suprir, temporariamente, as necessidades de alimentando desprovido de condições a alçar sua própria mantença, de modo que se habilite, no interregno estabelecido, a (re)inserir-se no mercado de trabalho e passe a gerar renda própria, satisfatória à sua mantença.

O mesmo doutrinador assevera que a projeção dos alimentos transitórios deve ocorrer em situações pontuais, sendo sempre fixado um termo final para sua vigência. Situação comum é a fixação em benefício de filho que, por exemplo, vem deliberadamente postergando a conclusão de etapa de ensino, de modo que a pensão de alimentos não lhe estimule o ócio e faça-o priorizar a obtenção de condições regulares para a labuta. Concernentemente ao tempo de duração, tal varia de caso a caso, podendo ultrapassar até mesmo dez anos, a depender do período necessário para que o alimentando possa prover-se de forma segura e independente.[193]

À guisa de sucinta conclusão, tem-se que, enquanto os alimentos transitórios – como a própria nomenclatura aponta – visam a suprir necessidades temporárias do necessitado (que a partir deles terá condições de "transitar" de uma fase da vida a outra, para que possa suprir suas próprias necessidades), os alimentos compensatórios têm o escopo de assegurar a menor discrepância possível entre o padrão socioeconômico dos ex-cônjuges ou companheiros, podendo a verba perdurar vitaliciamente como por apenas alguns meses, bastando que se comprove judicialmente, para sua revisão, a efetiva necessidade de sua redução, extinção ou majoração.

2.4. Aspectos práticos: soluções jurídicas patrimoniais e contratuais

A dissolução do casamento ou da união estável culmina na dissolução da sociedade patrimonial dos consortes e companheiros.

---

[192] MADALENO, Rolf. *Curso de Direito de Família*. 4. ed. Rio de Janeiro: Forense, 2008. p. 958.
[193] Ibidem, p. 950-1.

À divisão do patrimônio conjugal dá-se o nome de "partilha de bens", que trata do rateio do conjunto dos bens amealhados no curso da sociedade conjugal ou, ainda, na hipótese do regime da comunhão universal, dos bens a ela preexistentes, sempre em observância ao regime de bens incidente na união.

Para a apuração do respectivo quinhão de cada parte, é necessária a identificação do ativo e do passivo, bem como da análise de algumas peculiaridades, tal como, por exemplo, a vigência de contratos cujas prestações permaneçam sendo quitadas por um ou por ambos os consortes após a separação fática, posto que, conforme veremos, tal influi substancialmente na individualização dos respectivos quinhões.[194]

Quando a acomodação dos bens partilháveis emana de consenso entre as partes, pode a partilha realizada pela via amigável, podendo os cônjuges e companheiros versar sobre as cláusulas da forma que lhes aprouver, subsumindo-se a modalidade ao artigo 1.575, parágrafo único, do Código Civil, bem como aos artigos 731 ao 733 do novo Código Processual.

Nesse cenário, impende traçar, primeiramente, a distinção entre os institutos da comunhão e do condomínio, por vezes confundidos pelos próprios operadores do Direito. No seio da sociedade conjugal, os bens angariados e comunicáveis são de propriedade de ambos os cônjuges. Não há divisão por "quotas" entre si quando da aquisição dos bens, já que são as partes proprietárias, conjuntamente, do acervo patrimonial como um todo.

A partir da dissolução da sociedade conjugal, entretanto, necessário o reconhecimento da meação de cada parte, a qual consiste em fração ideal em relação ao todo partilhável. Apuradas as meações e traduzidas em valores aos quais cada parte faz jus, há que se priorizar, quando possível, uma divisão que consista na destinação de cada bem a um dos divorciandos, evitando-se, assim, que ex-cônjuges ou companheiros figurem como coproprietários, medida esta que evita desnecessários desgastes aos envolvidos.

Perfectibilizada a partilha, portanto, e restando os divorciados como coproprietários, passa-se a falar em condomínio, sendo cada ex-consorte titular de uma fração ideal (percentual) sobre os bens integrantes do acervo. Ademais disto, poderão as partes dispor sobre suas respectivas meações, alienando-as, contanto que permitam que o condômino, ex-consorte, exerça seu direito de preferência de aquisi-

---

[194] PEREIRA, Rodrigo da Cunha. *Divórcio:* teoria e prática. 3. ed. Rio de Janeiro: GZ ed., 2011. p. 148.

ção de tais na hipótese de sua alienação, *ex vi* do artigo 504 do Código Civil.[195]

Oportuna a lição de Dimas Messias de Carvalho acerca da distinção entre o estado de mancomunhão e o estado de condomínio:

> Os bens não partilhados após a separação ou divórcio, pertencem ao casal, semelhante ao que ocorre com a herança, entretanto, nenhum deles pode alienar ou gravar seus direitos na comunhão antes da partilha, sendo ineficaz a cessão, posto que o direito à propriedade e posse é indivisível, ficando os bens numa situação que a doutrina denomina de estado de mancomunhão. Não raras vezes, entretanto, quando os bens estão identificados na ação de separação ou divórcio, são partilhados na fração ideal de 50% (cinquenta por cento) para cada um, em razão da meação, importa em estado de condomínio entre o casal e não mais estado de mancomunhão. Tratando-se de condomínio, pode qualquer um dos cônjuges alienar ou gravar seus direitos, observando a preferência do outro, podendo ainda requerer a extinção por ação de divisão ou alienação judicial, não se cogitando a nova partilha e dispensando a abertura de inventário.[196]

Destarte, enquanto que na constância do casamento ou união estável os bens comunicáveis encontram-se em estado de mancomunhão, com a perfectibilização da partilha passam estes a estar em condomínio, sujeitos a todas as regras atinentes ao instituto, por sua vez regulado pelos artigos 1.314 ao 1.330 do Código Civil.

A permanência do patrimônio conjugal em estado de condomínio, como dito, pode gerar situação de desigualdade entre as partes, posto que, em regra, caso não vendido o bem ou até que o seja, apenas uma delas exerce o direito que a ambas cabe de uso, gozo e fruição, haja vista os comuns atritos resultantes de uma indesejada composse após a separação. Atentamente a isto, surgiram algumas alternativas para mitigar os nefastos efeitos que advêm deste contexto.

Uma delas – e já abordada – é a fixação dos alimentos compensatórios, que visam a resgatar a uma das partes o padrão socioeconômico repentinamente reduzido com a separação. Ainda, comum é o ingresso judicial da denominada "ação de cobrança de frutos por uso exclusivo de bem comum", cujo escopo é o recebimento de um valor que represente o equivalente à renda gerada pela respectiva quota-parte do bem sob condomínio. Exemplo trata da ação judicial de **cobrança de alugueres** pela utilização exclusiva de bem imóvel: na hipótese, são judicialmente arbitrados alugueres a serem pagos pelo cônjuge ou companheiro não usuário do imóvel sob condomínio com

---

[195] PARADA, Deise Maria Galvão. Alguns efeitos da separação de fato dos cônjuges. In: *Revista Síntese – Direito de Família*, São Paulo, n. 60, p. 92-95, jun./jul. 2010.

[196] CARVALHO. Dimas Messias De. *Direito de Família*. 2. ed. Belo Horizonte: Del Rey, 2009, p. 211/212.

base no valor de sua hipotética locação imobiliária, para que então aquele desprovido do uso receba ao menos o valor proporcional ao valor do locativo imobiliário, à proporção de sua meação.[197]

É da dicção do dispositivo 2.017 do atual Código Civil que, além do valor, deve a divisão patrimonial observar as variáveis de natureza e qualidade dos bens. Neste sentido, enfrentou a matéria de forma deveras didática o Ministro Paulo de Tarso Sanseverino, no julgamento do Recurso Especial n. 605.217-MG, de sua relatoria. A decisão determinou que se atentasse ao padrão de qualidade e de natureza dos bens partilháveis, mediante cotejo das condições daqueles com as necessidades das partes:

> Trata de concreção plena do Princípio da igualdade, segundo o qual, na divisão de bens, deve-se considerar não apenas a igualdade formal, ou seja, a equivalência matemática dos quinhões, evitando a necessidade de instituição de condomínio, mas também a igualdade qualitativa e a natureza dos bens partilháveis. (...) Vale dizer, portanto, que a partilha justa é aquela que, sem descurar do valor dos bens, destina a cada ex-cônjuge todas as classes de bens e direitos, os melhores e os piores, considerando, por exemplo, custos com manutenção, liquidez, potencial de exploração econômica, etc.[198]

Outrossim, a comprovada ocorrência da sub-rogação de bens privativos das partes influi sobremaneira na partilha. Na verificação lexical, e de acordo com o *Dicionário Eletrônico Miniaurélio*, sub-rogar significa "pôr em lugar de outrem; substituir", "assumir ou tomar o lugar de outrem". No âmbito jurídico da partilha do acervo patrimonial dos cônjuges, há referência ao instituto nos artigos 1.659, II, e 1.668, I, ambos do Código Civil. O primeiro, relativo à comunhão parcial, impõe que os bens sub-rogados àqueles que os cônjuges possuírem ao casar (bens particulares), os recebidos por doação e por herança sejam excluídos da comunhão. O segundo determina o mesmo com relação ao regime da comunhão universal de bens, excluindo da partilha os bens sub-rogados àqueles doados ou herdados pelas partes com cláusula de incomunicabilidade.

---

[197] Partilha de bens. Regime da comunhão parcial. Repartição dos bens móveis e imóveis adquiridos na constância do casamento. Pagamento por aluguel, pelo réu, ante a ocupação exclusiva de um dos imóveis. Necessidade. Despesas com automóveis e reformas nos imóveis que devem ser divididas entre as partes. Sentença parcialmente reformada nesse sentido. Recurso parcialmente provido (SÃO PAULO. Tribunal de Justiça. Apelação Cível n. 9095087-49.2008.8.26.0000, Relator: Neves Morim.2ª Câmara de Direito Privado. Julgado em 15/05/2012).

[198] BRASIL. Superior Tribunal de Justiça. *Recurso Especial n. 605.217-MG*, Relator: Paulo de Tarso Sanseverino. Julgado em 18/11/2010. Disponível em: <http://www.stj.jus.br/webstj/processo/justica/detalhe.asp?numreg=200302054784&pv=010000000000&tp=51>. Acesso em: 20 set. 2014.

Trata a sub-rogação, pois, da "transformação" do patrimônio privativo das partes em bens havidos na constância da sociedade conjugal. Assim, para que seja permitida a exclusão de tais bens do acervo em comum (quando vislumbradas as hipóteses acima arroladas), deverá ser sua ocorrência comprovada em juízo sempre que o cônjuge ou companheiro não a reconheça espontaneamente.

Embora a conceituação do instituto seja remansosa na doutrina, o mesmo não ocorre relativamente à definição da qualidade da prova para seu reconhecimento e eficácia, sendo díspares os posicionamentos encontrados na jurisprudência pátria. Vale lembrar que, por se tratar o instituto de exceção à regra de comunicabilidade patrimonial, deverá ser interpretado restritivamente, ou seja, somente naquelas hipóteses previstas no ordenamento jurídico.

Enquanto alguns julgadores mais rigorosos quanto à prova da sub-rogação exigem que sua ocorrência conste expressamente consignada no próprio título aquisitivo do bem,[199] outros reconhecem que o conjunto de indícios satisfatórios ou demais documentos atestando a sub-rogação[200] são suficientes para o reconhecimento jurídico de sua ocorrência; afinal, inexistindo na lei a obrigatoriedade de inscrição de cláusula no título demonstrativo, estar-se-ia, a partir desta desmedida exigência, a ferir o cânone constitucional do artigo 5º, II, cuja preleção é a de que ninguém é obrigado a fazer ou deixar de fazer algo senão em virtude de lei.[201]

Mais acertada, pois, a compreensão de que o exame de prova deverá amoldar-se às características casuísticas em apreço, podendo o julgador valer-se não apenas da prova documental como também, por exemplo, da prova testemunhal, bastando que os elementos contidos nos autos sugiram a adoção da medida.

---

[199] No regime da comunhão parcial, não se comunicam os bens adquiridos com valores exclusivamente pertencentes a um dos cônjuges em sub-rogação dos bens particulares, nos termos do inciso II, do artigo 1.659 (antigo 269), do Código Civil. Todavia, para que se aplique este dispositivo, é necessário que o cônjuge ressalve essa sub-rogação no título aquisitivo e prove que de fato um bem substitui outro. (RIO GRANDE DO SUL. Tribunal de Justiça. Apelação Cível n. 70021242987, Relator: Claudir Fidelis Faccenda. Julgado em 11/10/2007).

[200] Partilha, Os bens imóveis adquiridos comprovadamente por sub-rogação pela companheira não entram na comunhão. É válida a manifestação de vontade contida em documento assinado pelo companheiro, onde ele reconhece que um imóvel adquirido durante a vigência da união estável pertence com exclusividade à companheira. (RIO GRANDE DO SUL. Tribunal de Justiça. Apelação Cível n. 70017548405, Relator: José Ataídes Siqueira Trindade, julgado em 21/12/2006).

[201] MALHEIROS FILHO, Fernando. A sub-rogação no regime da comunhão parcial de bens. In: PEREIRA, Sérgio Gischkow; MILHORANZA, Mariângela Guerreiro (coord.). *Direito Contemporâneo de Família e das Sucessões (Estudos em Homenagem aos 20 anos de Docência do Professor Rolf Madaleno)*. Rio de Janeiro: GZ, 2009. p. 63-73.

Oportuna a abordagem de alguns aspectos relevantes no âmbito do Sistema Financeiro Habitacional (SFH) operados no momento da partilha de bens, dada a larga utilização da modalidade contratual na atualidade. Em relação à espécie, a problemática surge quando um casal que opta pelo divórcio celebrou um contrato de financiamento de bem imóvel. Vejamos assim que, se por um lado o parágrafo único do artigo 1º da Lei n. 8.004 de 1990 (que dispõe sobre o Sistema Financeiro da Habitação) determina que a formalização de venda, promessa de venda, cessão ou promessa de cessão relativas a imóvel financiado no âmbito do SFH somente dar-se-á mediante a interveniência obrigatória da instituição financiadora, por outro, aplicando-se o Código de Defesa do Consumidor (artigo 6º, V),[202] forçoso reconhecer-se que o divórcio, tal como a morte de um dos consortes, trata de fato superveniente à celebração do negócio jurídico, propenso, assim, a alterar a capacidade financeira do cônjuge que pretenda dar continuidade ao contrato, impondo-se sua revisão.[203]

Constatada então a quebra da base objetiva do negócio jurídico, pois, e observado o princípio do planejamento familiar (apregoado pelo artigo 226, § 7º, da Constituição Federal de 1988), mister a revisão do contrato de financiamento para que as prestações mensais sejam devidamente ajustadas à realidade econômico-financeira do consorte que permaneceu na posse do bem, e que, corolário disto, passou a arcar com todas suas despesas e custos de manutenção.[204]

Ressalve-se que na hipótese em análise somente restarão partilhados os direitos e ações dos quais as partes são titulares em virtude da celebração de dita espécie de contrato, tendo em vista seu exercício da propriedade meramente resolúvel. O mesmo entendimento cabe ser aplicado em relação às demais hipóteses em que não se averigue a propriedade plena, tal como, por exemplo, na celebração de contratos de promessa de compra e venda, a partir do qual os promitentes

---

[202] Art. 6º, V, do CDC: São direitos básicos do consumidor: (...) V – a modificação das cláusulas contratuais que estabeleçam prestações desproporcionais ou sua revisão em razão de fatos supervenientes que as tornem excessivamente onerosas;

[203] CRUZ, Eduardo Felix da. *Os Efeitos do Divórcio Perante os Contratos de Financiamento Habitacional*. Disponível em: <http://jus.com.br/revista/texto/17572/os-efeitos-do-divorcio-perante-os-contratos-de-financiamento-habitacional>. Acesso em: 24 set. 2014.

[204] (...) 4. Merece prosperar o pedido de limitação do encargo mensal em 30% (trinta por cento) sobre a renda de (omissis), tendo em vista a homologação do divórcio entre as partes inicialmente devedoras, onde a mutuaria assumiu, exclusivamente, a obrigação pelo pagamento das prestações mensais do financiamento do imóvel (...). (BRASIL. Tribunal Regional Federal da 2ª Região. Apelação Cível n. 199951010009571, Relator: Raldênio Bonifácio Costa. Julgado em 07/10/2008).

compradores – cônjuges e companheiros – passam a deter meramente direitos e ações sobre o bem identificado na avença.

O montante correspondente à meação de cada parte será apurado a partir de um cálculo da respectiva meação, a qual possui seu limite na data da efetiva separação de fato das partes, como já salientado, quando então opera-se o termo final à comunicabilidade patrimonial. Ou seja, na hipótese de uma das permanecer arcando, exclusivamente, com prestações de financiamento após a ruptura fática, a ela caberá a totalidade dos direitos e ações quitados a partir de então, reconhecendo-se a meação do ex-companheiro sobre aquilo quitado no curso do casamento ou da união.

Em tal contexto, não raras, ainda, são as ações judiciais buscando a partilha de bens edificados pelos cônjuges em terreno pertencente a terceiro. A dinâmica da formação e transformação dos núcleos familiares da atualidade provoca a necessidade de soluções que reduzam o impacto financeiro na vida de um casal. E é nesse cenário que contratos de comodato são frequentemente celebrados, tendo-se como situação usual a de casal que passa a habitar imóvel de genitores ou demais parentes. Com o crescimento da família, um mesmo bem passa a ser objeto de sucessivas melhorias e construções, valorizando-se às expensas dos comodatários.

Ocorre que tais bens não podem ser incluídos na partilha, já que se constituem em benfeitorias engendradas em bem sob propriedade de um terceiro. O impasse tem sido resolvido, junto ao Tribunal de Justiça do Rio Grande do Sul, a partir da possibilidade de ao menos reconhecer-se, nas ações de divórcio, a existência de tais benfeitorias, procedendo-se na partilha dos direitos sobre a futura indenização a ser paga pelo proprietário do bem em ação própria, resultante das construções empreendidas, havendo respeitáveis precedentes jurisprudenciais em tal sentido.[205] Afinal, sendo o proprietário parte estranha em uma ação judicial cuja finalidade é a dissolução do vínculo

---

[205] AGRAVO DE INSTRUMENTO. PARTILHA DE BENS. DIVISÃO DE CONSTRUÇÃO ERGUIDA DE BOA-FÉ EM IMÓVEL DE TERCEIRO. IMPOSSIBILIDADE DE VENDA E PARTILHA DO IMÓVEL. ART. 1.255 DO CCB. DIREITO Á INDENIZAÇÃO. A construção erguida em terreno pertencente ao pai de um dos companheiros não permite a partilha do bem, por envolver imóvel de terceiro. Erigida a acessão de boa-fé, as partes podem partilhar apenas os direitos sobre a construção, resolvendo-se a partilha na via indenizatória. AGRAVO DE INSTRUMENTO DESPROVIDO. (RIO GRANDE DO SUL. Tribunal de Justiça. Apelação Cível n. 70035700467, Relator: André Luiz Planella Villarinho. Julgado em 11/08/2012).

APELAÇÃO CÍVEL. PARTILHA DE BENS.Comprovado que as partes, durante o matrimônio, construíram uma casa sobre terreno pertencente a terceiro, cabível a divisão da acessão intelectual, conforme avaliação efetuada judicialmente. Partilha que se resolve na via indenizatória. Manutenção da sentença. (RIO GRANDE DO SUL. Tribunal de Justiça. Apelação Cível n. 70043896158, Relator: Ricardo Moreira Lins Pastl. Julgado em 13/07/2011).

conjugal ou da união estável, é parte ilegítima a compor a lide. A medida emprega celeridade na concreção do direito das partes em verem-se devidamente reembolsadas de valores despedidos na formação do patrimônio familiar.

No que tange à partilha de bens adquiridos em casamento ou união estável sob o regime da comunhão parcial ou universal de bens mediante valores oriundos do saque do Fundo de Garantia por Tempo de Serviço (FGTS) e/ou do recebimento de indenização por ação trabalhista, algumas considerações hão que ser tecidas.

A começar, vale lembrar que, de acordo com o artigo 2.039 do Diploma Civil, o regime de bens nos casamentos celebrados sob vigência do Código Civil anterior é aquele por ele estabelecido. Ocorre que, enquanto o artigo 271 do Código Civil anterior, relativo ao regime da comunhão parcial, impunha a comunhão dos frutos civis do trabalho dos consortes, o artigo 269 do mesmo Diploma, paradoxalmente, excluía da comunhão aqueles mesmos bens excluídos no regime da comunhão universal, dentre os quais se encontravam, justamente, os frutos civis do trabalho de cada cônjuge.

No julgamento do Recurso Especial de n. 848.660-RS, esclareceu-se que a interpretação dos dispositivos deve ocorrer de forma restritiva. Asseverou-se, em síntese, que a incomunicabilidade deve se proceder somente no que pertine ao direito ao recebimento dos frutos civis do trabalho (ou seja, quando ainda depositados em conta vinculada). Assim sendo, a partir do momento em que sacados, recebidos ou utilizados para a compra de determinados bens, os valores consistentes do FGTS do cônjuge ou companheiro inserem-se no patrimônio comum, sujeitos, portanto, à partilha.

Neste diapasão, oportuna se faz a transcrição das assertivas aventadas no corpo do voto proferido pelo relator, Ministro Paulo de Tarso Sanseverino, que bem traduzem o entendimento consagrado no Superior Tribunal de Justiça:

> De fato, os proventos de trabalho configuram os aquestos patrimoniais comuns por excelência, sendo que a incomunicabilidade, não somente deles mas também dos bens com ele adquiridos, como pretende o recorrente, levaria à inusitada conclusão de que, no regime da comunhão parcial de bens, o patrimônio em comum estaria restrito aos frutos dos bens particulares, às doações realizadas ao casal e aos bens adquiridos por fato eventual, o que, a toda evidência, vai de encontro à natureza e à finalidade do instituto.[206]

---

[206] BRASIL. Superior Tribunal de Justiça. Recurso Especial n. 848.660-RS, Relator: Paulo de Tarso Sanseverino. Julgado em 03/05/2011. Disponível em: <https://ww2.stj.jus.br/processo/revistaeletronica/inteiroteor?num_registro=200600982512&data=13/5/2011>. Acesso em: 24 set. 2014.

Vejamos que a identificação da celeuma reside substancialmente na conceituação da natureza jurídica do FGTS. Segundo Maurício Godinho Delgado, este "(...) consiste em recolhimentos pecuniários mensais, em conta bancária vinculada em nome do trabalhador, conforme parâmetro de cálculo estipulado legalmente, podendo ser sacado pelo obreiro em situações tipificadas pela ordem jurídica(...)".[207] Trata, pois, de uma espécie de poupança forçada em proveito do empregado, que visa a reparar despedida injusta praticada pelo empregador. O depósito (equivalente a 7% da remuneração do empregado) representa uma "vitória" pessoal do trabalhador, uma conquista sua que integra seu patrimônio desde que iniciados os sucessivos e mensais depósitos.

Na linha do mesmo entendimento assente no Superior Tribunal de Justiça (no sentido de que os valores, quando recebidos ou incorporados ao patrimônio, perdem a natureza de incomunicabilidade), há julgados do Tribunal de Justiça do Rio Grande do Sul que reconhecem que, a despeito da natureza originária de provento pessoal do trabalho atribuída ao FGTS, a verba perde tal caráter a partir do saque, quando então passa a integrar o monte partilhável do casal.[208] Por outra banda, há decisões proferidas pelo mesmo Tribunal de Justiça Estadual conflitantes com este entendimento, propugnando pela exclusão da partilha de todo o patrimônio originado do FGTS, tal como quando, por exemplo, não são "sacados" ou recebidos, mas somente entregues para a compra de determinado bem imóvel.[209]

---

[207] DELGADO, Mauricio Godinho. *Curso de Direito do Trabalho*. São Paulo: LTr, 2008. p. 1268.

[208] APELAÇÃO CÍVEL. AÇÃO DE DIVÓRCIO. CASAMENTO PELO REGIME DA COMUNHÃO PARCIAL DE BENS. PARTILHA DE BENS ADQUIRIDOS ANTES DA SEPARAÇÃO DE FATO. DATA DA SEPARAÇÃO. ONUS DA PROVA. PARTILHA DO BEM, INCLUSIVE DA PARTE PAGA COM SAQUE DO FGTS PARA A AQUISIÇÃO DE IMÓVEL. O imóvel adquirido durante o casamento, inclusive a parte adimplida com o saque da conta de FGTS integra a partilha. A divergência acerca da data do fim da relação deve ser objeto de prova, nos termos da Lei processual, e da observação dos fatos ordinários da vida. NEGARAM PROVIMENTO AO APELO. (Apelação Cível nº 70056170608, Oitava Câmara Cível, Tribunal de Justiça do RS, Relator: Alzir Felippe Schmitz, Julgado em 10/04/2014)

[209] UNIÃO ESTÁVEL. PARTILHA. IMÓVEL PARCIALMENTE ADQUIRIDO COM O USO DO FGTS. PRESTAÇÕES RELATIVAS AO FINANCIAMENTO. VEÍCULO. MÓVEIS QUE GUARNECEM A RESIDÊNCIA. APLICAÇÕES FINANCEIRAS. COMPENSAÇÃO DOS HONORÁRIOS ADVOCATÍCIOS. AJG. 1. Constitui união estável a convivência sob o mesmo teto, com publicidade e notoriedade, evidenciando uma comunhão de vida e de interesses. 2. Deve ser reconhecida a entidade familiar no período em que o casal conviveu more uxório e cessou com o afastamento do varão da morada comum do casal. 3. Reconhecida a união estável, é imperiosa a partilha igualitária dos bens adquiridos de forma onerosa durante a convivência, seja em nome de um ou outro convivente, não cabendo perquirir acerca da contribuição de cada um, pois é presumida. Inteligência do art. 1.725 do CCB. 4. O FGTS constitui "provento do trabalho pessoal" e não se comunica entre os companheiros, ex vi do art. 1.659, inc. VI, do CCB, e quando parte do pagamento do imóvel é feito mediante expressa entrega do próprio FGTS, opera-se, de forma inequívoca, a sub-rogação. 5. Tendo o imóvel sido registrado em nome das partes,

Com efeito, coerente o entendimento esposado pelo Ministro Sanseverino no referido voto. Ora, afinal, não se pode conceber que os valores provenientes do FGTS sejam incomunicáveis *ad eternum*. Tal como os créditos salariais, a incomunicabilidade deve limitar-se ao direito de recebimento, mas não àqueles bens adquiridos com os recursos advenientes destas fontes. A partir do momento em que sacados, recebidos e/ou utilizados, perdem a natureza indenizatória, passando a compor o patrimônio comum.

No que pertine à indenização trabalhista, o mesmo raciocínio se aplica, majoritariamente, na jurisprudência brasileira, no sentido de que a verba se comunica ao acervo partilhável do casal. Exemplos disto são julgamentos dos Recursos Especiais de n. 646529/SP, de relatoria da Ministra Nancy Andrighi, e n. 421801/RS, sob relatoria do Ministro Ruy Rosado de Aguiar. Em ambos os casos, o posicionamento adotado pela Corte foi no sentido de reconhecer a meação do cônjuge sobre a indenização correspondente a direitos adquiridos ou pleiteados durante a constância da sociedade conjugal, devendo haver exclusão, contudo, daquelas nascidas ou pleiteadas após a separação fática do casal.

Todavia, a solução também é contraditória na jurisprudência. No Tribunal de Justiça do Rio Grande do Sul verifica-se dissonância de entendimento, com distintos julgamentos do tema.[210]

Há, da mesma forma, heterogeneidade de decisões relativas à partilha do numerário objeto de depósito em caderneta de poupança em nome de uma das partes, já que, enquanto para alguns os valores não perdem a natureza de proventos do trabalho pessoal, para outros passam a compor o patrimônio em comum desde o momento em que

---

devem ser partilhados igualitariamente as parcelas de financiamento pagas na constância da união estável. (...) (Apelação Cível nº 70055707269, Sétima Câmara Cível, Tribunal de Justiça do RS, Relator: Sérgio Fernando de Vasconcellos Chaves, Julgado em 18/09/2013)

[210] APELAÇÃO CÍVEL. AÇÃO DE DIVÓRCIO. PARTILHA DE BEM IMÓVEL E DÍVIDAS. O patrimônio e as dívidas contraídas na constância do casamento pelo regime da comunhão parcial de bens devem ser dividido igualitariamente entre o casal. PARTILHA DEVERBAS TRABALHISTAS. Descabe a partilha de valores decorrentes de reclamatória trabalhista, nos termos do art. 1.659, inciso VI, do Código Civil, como exceção à regra da comunicabilidade. Apelação parcialmente provida. (Apelação Cível nº 70062926472, Sétima Câmara Cível, Tribunal de Justiça do RS, Relator: Jorge Luís Dall'Agnol, Julgado em 25/03/2015)
AGRAVO DE INSTRUMENTO. AÇÃO DE DIVÓRCIO E PARTILHA DE BENS. REGIME DA COMUNHÃO PARCIAL DE BENS. Asverbas trabalhistas decorrentes de período aquisitivo na constância do casamento são partilháveis, porquanto fazem parte do patrimônio comum. Imperiosa a manutenção da sentença que determinou a indisponibilidade de 50% dos créditos trabalhistas do apelante. NEGARAM PROVIMENTO AO AGRAVO DE INSTRUMENTO. (Agravo de Instrumento nº 70063379721, Oitava Câmara Cível, Tribunal de Justiça do RS, Relator: Alzir Felippe Schmitz, Julgado em 09/04/2015).

efetuado o respectivo depósito, embora o último entendimento melhor harmonize-se com o hodierno ordenamento jurídico.[211]

Nessa mesma conjuntura de análise, necessário, ainda, tecerem-se observações relativas aos reflexos da constituição de sociedades empresárias por parte dos cônjuges na divisão do patrimônio conjugal. Vejamos que em relação às sociedades anônimas (SA) e às empresas individuais, a efetivação da partilha figura menos complexa, já que, enquanto as ações titularizadas são transmissíveis, no segundo caso o patrimônio de pessoa física e jurídica, em regra, se confundem – salvo na hipótese de tratar-se de Empresa Individual de Responsabilidade Limitada (EIRELI), criada pela Lei n. 12.441 de 2011.[212]

Maior complexidade é relativa às sociedades limitadas, nas quais há sócios (terceiros) envolvidos. Se um dos cônjuges ou companheiros for sócio de sociedade de pessoas, havendo dissolução da sociedade conjugal, poderá o outro cônjuge receber parte das ações mediante concordância dos demais, quando então ingressará na empresa na qualidade de sócio. Sem tal anuência, no entanto, formar-se-á uma "sub-sociedade" entre ex-consortes ou companheiros, regida pelas normas de condomínio. Sendo a sociedade de capital, no entanto, o outro dela não participará, porém receberá metade das quotas ou ações adquiridas na constância da sociedade conjugal.[213]

Outra dificuldade reside na apuração do valor equivalente à participação societária do cônjuge ou companheiro na época da separação de fato do casal. Para sua apuração, ao cônjuge não sócio (como legítimo interessado) é permitida a investigação patrimonial da empresa, a partir de acesso a dados bancários, declarações de imposto de renda, livros e documentos relativos ao balanço patrimonial (*ex vi* do

---

[211] APELAÇÃO CÍVEL. AÇAO DE SEPARAÇÃO CONVERTIDA EM DIVÓRCIO. ALIMENTOS. FIXAÇÃO EM SALÁRIO MÍNIMO. Não há vedação a que os alimentos sejam fixados em salários mínimos, se o alimentante não dispõe de renda certa que possibilite o desconto em folha de pagamento. Conclusão nº 38 do Centro de Estudos do TJRGS. PARTILHA. As contas bancárias, poupança, fundos de investimento e eventuais ações existentes por ocasião da separação de fato do casal, devem ser partilhadas, tendo sido o casamento celebrado sob o regime da comunhão parcial de bens. A elevação do capital social da empresa da qual é sócio um dos cônjuges, ocorrida na vigência do casamento, integra a partilha, porque representa acréscimo patrimonial. APELAÇÃO DESPROVIDA. (RIO GRANDE DO SUL. Tribunal de Justiça. Apelação Cível n. 70041203563, Relator: André Luiz Planella Villarinho Julgado em 24/08/2011).

[212] FREITAS, Douglas Phillips. Partilha e sucessão das quotas empresariais. In: FREIRAS, Douglas Phillips; BARBOSA, Eduardo Lemos (coord.). *Direito de Família nas Questões Empresariais*. p. 57.

[213] DINIZ, Maria Helena. Impacto do regime matrimonial de bens nas relações empresariais. Disposições gerais dos regimes de bens e pacto antenupcial. In: FUJITA, Jorge Shchiguemitsu; SIMAO, José Fernando; ZUCCHI, Maria Cristina (coord.). *Direito de Família no Novo Milênio*. São Paulo: Atlas, 2010. p. 277.

artigo 421 do novo Código de Processo Civil), dentre demais medidas a serem autorizadas e determinadas judicialmente.[214]

Por ingressarem na comunhão os frutos dos bens comuns ou particulares de cada cônjuge, percebidos na constância do contrato matrimonial (artigos 1660, V e 1.669 do Código Civil), e tendo-se em vista que os rendimentos do capital dos empresários enquadram-se em tal categoria, impõe-se o reconhecimento da meação do consorte relativamente aos dividendos oriundos do capital empregado. Ainda, ocorrendo crescimento patrimonial da empresa no decurso do contrato matrimonial, também o cônjuge ou companheiro fará jus à tal partilha, sendo imperiosa a realização de perícia contábil com o fito de apurar qual o efetivo crescimento operado.[215]

É na falência de uma sociedade afetiva, com o advento do término da *affectio maritalis*, que os efeitos patrimoniais da união passam a ser alvo de real atenção por parte dos partícipes. O presente capítulo procurou arrolar algumas das principais alternativas cabíveis nas soluções dos impasses travados em tal contexto, ressalvando-se que, por serem inúmeras as possibilidades a serem evocadas e imprevisíveis as possíveis peculiaridades ínsitas a cada caso, caberá aos operadores do Direito a utilização de ferramentas viáveis na persecução da equidade da partilha de bens conjugais, momento mais significativo na irradiação dos efeitos patrimoniais emergentes da dissolução do contrato matrimonial.

---

[214] FREITAS, Douglas Phillips. Partilha e sucessão das quotas empresariais. In: FREIRAS, Douglas Phillips; BARBOSA, Eduardo Lemos (coord.). *Direito de Família nas Questões Empresariais.* p. 64.

[215] AGRAVO DE INSTRUMENTO. AÇÃO DE DISSOLUÇÃO DE UNIÃO ESTÁVEL. LIQUIDAÇÃO DE SENTENÇA. SUB-ROGAÇÃO NÃO DEMONSTRADA, IMPONDO A PARTILHA DOS BENS ARROLADOS. *CRESCIMENTO PATRIMONIAL* DA EMPRESA JURÍDICA QUE DEMANDA A REALIZAÇÃO DE PERÍCIA, PLEITEADA EM TEMPO OPORTUNO. PRELIMINARES REJEITADAS E RECURSO PROVIDO, EM PARTE. (SEGREDO DE JUSTIÇA) (RIO GRANDE DO SUL. Tribunal de Justiça. Agravo de Instrumento n. 70025548355, Sétima Câmara Cível, Relator: Ricardo Raupp Ruschel, Julgado em 19/11/2008).

3. Teoria econômica do casamento e da escolha do regime de bens

A família, sob o aspecto instrumental, é o ambiente que propicia o desenvolvimento e estabilidade dos indivíduos. A compreensão de seu processo de formação, transformação e dissolução é subsidiada pelo ferramental da Análise Econômica do Direito, bem como pela moderna Teoria Econômica da Família. A abordagem econômica do casamento como um novo campo de estudo da economia evidencia e ilustra a aplicabilidade desta ciência a toda e qualquer esfera do comportamento humano,[216] resultando o casamento, afinal, de uma escolha racional tomada por indivíduos que procuram, dentre os indivíduos não casados, o parceiro que melhor venha a maximizar o seu bem-estar, enfrentando, para tal, as restrições inerentes ao mercado no qual inseridos.

A necessidade da escolha decorre do confronto entre os desejos do agente econômico (potencialmente ilimitados) e as restrições que enfrenta, tudo o que leva o indivíduo a optar pela alternativa que melhor satisfaz aqueles seus desejos, isto é, que de forma mais intensa maximiza a sua *utilidade*. Por utilidade, compreendemos o termo técnico que designa a satisfação, o bem-estar que o indivíduo pode retirar de determinada situação, o que possui conotação tanto material quanto imaterial.[217]

Uma outra forma de descrever a racionalidade é dizer que, perante a necessidade de uma escolha, o agente econômico optará por aquela cujos benefícios superam os custos, compreendendo-se por benefício qualquer acréscimo na utilidade do agente, e por custo qualquer decréscimo nesta mesma utilidade.

---

[216] McKENZIE, Richard B.; TULLOCK, Gordon. *La Nueva Frontera de La Economia*. Madrid: Espasa-Calpe, 1980. 386 p.
[217] RODRIGUES, Vasco. *Análise Econômica do Direito – uma introdução*. Coimbra: Almedina, 2007, p. 13-14.

Na presente seção, serão analisados o processo de funcionamento do denominado "mercado de casamento", o enquadramento do casamento como contrato, sob a ótica econômica, a Teoria da Sinalização – como ferramenta a compreender-se o fenômeno de escolha dos parceiros e do regime de bens –, e, por fim, uma abordagem da escolha e alteração dos regimes matrimoniais sob a perspectiva da *Law and Economics*.

Restará claro, ao longo deste capítulo, que os economistas abordam diretamente, neste contexto, o casamento, deixando de mencionar, com uma mesma frequência, a união estável. Há uma razão para isto, no entanto. Para os economistas, a coabitação gera menos estabilidade à sociedade afetiva do que o matrimônio, mesmo quando formalizada a união por escritura pública, haja vista que a união informal, ao contrário do casamento, não é "ato", mas "fato", devendo ser constatada a presença dos seus requisitos[218] na via prática para que se possa reconhecer sua configuração jurídica, o que independe de qualquer formalidade prévia.[219]

Assim, tem-se que a maior segurança jurídica conferida aos cônjuges quando em comparação com os companheiros permite que possam os primeiros planejar e investir conjuntamente, correndo menos riscos, haja vista, afinal, que o casamento trata de um contrato que faz prova absoluta (*juris et de jure*) de sua existência no plano jurídico.

Impende salientar, ainda, que nem sempre uma união estável tem como origem a escolha racional dos agentes por sua formação, muitas vezes desconhecendo estes as consequências jurídicas da coabitação, sendo esta mais uma razão da preferência de estudo dos economistas pelo casamento, o que não significa, no entanto, que não se possa aplicar a mesma teoria à união estável em muitos contextos.

3.1. Existência e operacionalização do "mercado de casamento"

Foi no início dos anos 1970, tendo como precursor o economista Gary Becker, que se passou a analisar a família sob a perspectiva da economia, como mais uma ferramenta aplicável à análise de seu

---

[218] Vide art. 1.723 do Código Civil.

[219] LERMAN, Robert I. Economic perspectives on marriage: causes, consequences and public policy. In: *Research Handbook on the Economics of Family Law*. COHEN, Lloyd R.; WRIGHT, Joshua D. (Edit.). Northampton: Edward Elgar, 2013, p. 73-74.

processo de formação e dissolução. Becker[220] afirma que a teoria econômica deve contemplar o estudo de todo comportamento humano direcionado à obtenção de recursos escassos, não se cingindo a Ciência Econômica, unicamente, a aspectos de natureza monetária. De acordo com o autor, aplicação da teoria econômica ao casamento e ao divórcio contribui para a explicação de fenômenos tais como taxas de nascimento e de crescimento populacional, participação das mulheres no mercado de trabalho, diferença de salários entre os cônjuges, análise de rendimentos da população, dentre demais questões afetas ao desenvolvimento piramidal e estrutural de uma sociedade.[221]

Para Becker, duas são as premissas das quais se deve partir para a análise econômica do casamento, quais sejam: **i)** como ato voluntário que é, um indivíduo somente virá a se casar se o nível esperado de utilidade obtida a partir da formação da união vier a superar aquela operada caso permaneça solteiro; **ii)** verificando-se que homens e mulheres solteiros competem, entre si, na busca do parceiro adequado, detectável é a existência do chamado "mercado de casamento", no qual cada indivíduo busca o melhor parceiro para si, enfrentando, para tanto, as restrições inerentes a tal mercado.[222]

O "mercado de casamento" surge, assim, como uma metáfora à elaboração do processo de busca por pares conjugais que maximizem a utilidade dos agentes, como uma dinâmica calcada na racionalidade característica da procura pelo parceiro ideal.[223]

A primeira das premissas acima justifica o porquê da preferência por parte de alguns indivíduos em jamais unir-se a outro para a criação de uma entidade familiar.[224] Infere-se de tal assertiva que alguns indivíduos solteiros consideram o nível de produção individual excedente àquele resultante de união com parceiro(a). Do mesmo modo, a segunda premissa autoriza a conclusão de que há uma divisão entre

---

[220] BECKER, Gary Stanley. *The Economic Approach to Human Behavior*. Chicago: The University Of Chicago, 1976. p. 294

[221] Idem, p. 205.

[222] Idem, p. 206.

[223] POSNER, Richard. The Rights Of Creditors on Affiliated Corporations. In: *The University of Chicago Law Review*, v. 43, 1976, p. 68.

[224] Registre-se que, no Brasil, em 2010, foram registrados 977.620 casamentos, havendo um incremento de 4,5% no total de registros de casamentos em relação ao ano de 2009. Desse total, 958.253 foram de cônjuges de 15 anos ou mais de idade e ocorridos e registrados no ano de referência da pesquisa. Esse resultado fez com que a taxa de nupcialidade legal se elevasse em relação ao ano de 2009, atingindo o valor de 6,6 casamentos para 1.000 habitantes de 15 anos ou mais de idade (BRASIL, *Instituto Brasileiro de Geografia e Estatística – IBGE*. Disponível em: <http://www.ibge.gov.br/home/estatistica/populacao/registrocivil/2010/rc2010.pdf>. Acesso em: 20 dez. 2013.

os agentes já satisfeitos com o nível de produção atingido com outrem (ou mesmo individualmente) daqueles ainda na busca do parceiro que venha a maximizar seus anseios materiais e imateriais. Sendo assim, a busca por parceiros dar-se-á tanto no período que antecede ao matrimônio como também, por parte de alguns, na própria constância do casamento, sempre que o emprego de custos marginais na busca por um novo companheiro não venha a superar os benefícios oriundos da relação em vigor.

Para Bryant, são duas as espécies de custos a serem arcados pelos partícipes neste cenário, quais sejam, *custos de transação e custos de perda de oportunidade*. Os primeiros tratam de custos atinentes ao próprio ato do casamento, tais como custos com o procedimento de habilitação matrimonial das partes em cartório, custos com a cerimônia, com honorários de advogados que venham a prestar prévia consultoria, dentre outros mais vinculados à prática da sua celebração em si. Paralelamente, custos de perda de oportunidade são atinentes aos benefícios abdicados pelas partes em prol a união, tais como aqueles gozados na condição de solteiras, e que variam entre os indivíduos de acordo com seus costumes, crenças e valores.[225]

Os custos relativos à tomada de decisão, à perda de independência e aqueles respectivos ao próprio risco assumido de não se obter os bens e serviços que satisfaçam a preferência dos cônjuges na constância matrimonial são exemplos de custos de perda, a serem sopesados aos benefícios esperados com a união.[226]

Nesta perspectiva, constatemos que o reconhecimento jurídico conferido às uniões informais representa um redutor de custos de transação arcados por parte de um casal na busca de proteção jurídica à sua entidade familiar, afinal, enquanto ao matrimônio é indispensável a observância das formalidades de habilitação ao ato (as quais impõem custos de caráter financeiro aos nubentes), para a caracterização de uma união estável basta a presença dos requisitos de publicidade, continuidade, notoriedade e intenção de constituição de família, tal como abordado na primeira parte do presente estudo.

Ratificando tal compreensão, vejamos que, no Brasil, o Censo 2010 apurou expressivo aumento nas uniões consensuais em uma década (de 28,6% para 36,4%). Ainda, restou contabilizada redução no

---

[225] BRYANT, W. Keith. *The Economic Organization of the Household*. Cambridge: Cambridge University Press, 1990. p. 220.

[226] BALNINOTTO NETO, Giácomo. A Teoria Econômica do Casamento e do Divórcio. In: *Revista da Faculdade de Ciências Econômicas – UFRGS – Análise Econômica*, Porto Alegre/RS, n. 18, p. 125-41, set. 1992.

número de casamentos, de 49,4% a 42,9%, do ano 2000 ao ano de 2010. Os dados apontados demonstram uma certa inclinação, por parte da população, em não se casar, quando há outra alternativa menos custosa e burocrática que garante os mesmos direitos aos agentes.[227] Não se pode deixar de repisar, no entanto, que deste grupo não fazem parte os companheiros que coabitam desconhecendo as consequências jurídicas da união travada, não sendo objeto de estudo da economia as interações que não envolvam escolhas racionais sobre a utilização de determinados recursos.

Nesse mesmo contexto, há ainda os custos inerentes à busca do parceiro no mercado matrimonial, os quais serão oportunamente analisados, quando da abordagem da teoria da sinalização.

Tendo-se o "potencial de maximizar a utilidade" como vetor à escolha do parceiro ou mantença do *status* de solteiro, associa-se ser maior a utilidade quanto mais qualitativa a produção de filhos, cuidados mútuos, prestígio, patrimônio, lazer, amor, companhia, vida sexual regular, *status* social e prazer a dois. Portanto, pode-se afirmar que a família é equiparável a uma empresa, cujos "insumos" gerarão "produtos" de maior ou menor valia ante uma análise da qualidade e quantidade da produção obtida.[228]

Partindo-se desta perspectiva, tem-se a formação da prole como uma das principais características do casamento. Ocorre que os filhos são dotados de particularidades e peculiaridades que os tornam frutos de "expressivo valor".[229] Dentre tais características, sobrelevam-se as de serem um "investimento de longo prazo". Exemplifiquemos: na juventude, são os genitores que arcam com alimentação, educação, vestuário e despesas, em geral, da prole. Na velhice, entretanto, as necessidades especiais dos pais passam a ser supridas pelos filhos, na consagração do princípio da reciprocidade e solidariedade familiar. Não se está a afirmar que benefício como este é racionalmente sopesado no momento da opção pela produção de filhos; contudo, menosprezar os reflexos positivos da perpetuação de uma família, em diversos aspectos, consistira em uma falha na interpretação dos positivos desdobramentos da geração de prole.

---

[227] Informações disponíveis em: <http://www.ibge.gov.br/home/presidencia/noticias/noticia_visualiza.php?id_noticia=2018>. Acesso em: 03 nov. 2013.

[228] BECKER, Gary Stanley. *The Economic Approach to Human Behavior*. Chicago: The University Of Chicago, 1976. p. 207-8.

[229] COHEN, Lloyd R. "Marriage: The long-term contract". In: DNES, Antony W.; WOWTHORN, Robert (edit.). *The Law and Economics of Marriage and Divorce*. Cambridge: Cambridge Press, 2002. p. 10-34.

Outra particularidade é a contribuição dos filhos no fortalecimento da sociedade familiar: estudos empíricos revelam que cônjuges com filhos resistem à imediata dissolução do vínculo, cientes do sofrimento que tal conduta degenera na vida das crianças. Referentemente à importância dos filhos quando da opção pelo matrimônio, aduz Becker:

> A explicação para o casamento entre homens e mulheres repousa no desejo de produção de filhos e na atração emocional existente entre os sexos. Nada distingue melhor sua produção familiar dos solteiros ou daqueles membros do mesmo sexo do que a presença, mesmo que indiretamente, dos filhos. Limpeza, alimentação e outros serviços podem ser comprados, mas não filhos: o homem e a mulher são necessários para produzir os seus próprios filhos e, talvez, para criá-los.[230] [Tradução nossa].

De acordo com Robert Lerman, pesquisas americanas apontam vantagens que o casamento gera na vida dos filhos, citando, dentre estes, melhores condições cognitivas, comportamentais e de interação com os pais quando em comparação com crianças que possuam pais solteiros ou separados. Menciona, ainda, a maior incidência de problemas sociais associados ao uso de drogas, álcool, cometimento de crimes e gravidez precoce em jovens que não tenham se desenvolvido junto de sua família nuclear, referindo que tais benefícios não decorrem do casamento em si, mas sim do crescimento junto aos progenitores.[231]

No Brasil, dados estatísticos apurados pelo Censo 2010 – concedidos pelo *site* do Instituto Brasileiro de Geografia e Estatística (IBGE) –, revelam significativa queda de fecundidade. Enquanto no ano 2000 o número médio de filhos nascidos vivos por mulher ao final de seu período fértil era equivalente a 2,38 filhos, no ano 2010 o número apurado foi 1,86 filhos, abaixo da taxa de reposição da população, que é de 2,1 – o que acelera o envelhecimento médio dos brasileiros.[232]

Informações obtidas também junto ao IBGE confirmam que o recuo na fecundidade ocorre, principalmente, entre casais com maior

---

[230] *The obvious explanation for marriages between man and woman lies in the desire to raise own children and the physical ans emotional attraction between sexes. Nothing distinguishes married households more from single households or from those with several members of the same sex than the presence, even indirectly, of children. Sexual gratification, cleaning, feeding, and other services can be purchased, but not own children: both the man and woman are required to produce their own children and perhaps to raise them.* BECKER, Gary Stanley. *The Economic Approach to Human Behavior*. Chicago: The University Of Chicago, 1976. p. 210

[231] LERMAN, Robert I. Economic perspectives on marriage: causes, consequences and public policy. In *Research Handbook on the Economics of Family Law*. COHEN, Lloyd R.; WRIGHT, Joshua D. (Edit.). Northampton: Edward Elgar, 2013, p. 72-95.

[232] Informações disponíveis em: <http://www.ibge.gov.br/home/presidencia/noticias/noticia_visualiza.php?id_noticia=2125&id_pagina=1>. Acesso em: 07 nov. 2013.

escolaridade e faixa de rendimento, tudo o que leva a concluir por uma tendência de substituição da geração de filhos por uma majoração de incremento na renda familiar como efetivo vetor à maximização da utilidade obtida pelo casamento na atualidade, cada vez mais dissociada da fecundidade e mais aliada à compatibilização de anseios e ganhos profissionais.

Há outros benefícios, no entanto, que conduzem as partes à escolha racional pelas núpcias. Dentre eles, cite-se a maior expectativa de vida aos indivíduos casados em comparação aos solteiros e as menores chances de envolvimento em atividades de risco. Tem-se que quando o agente é "assistido" por outro – o que é característico entre pares que convivem na busca dos mesmos objetivos – ele adota melhor comportamento social e profissional, o que gera decorrentes benefícios.[233]

Refiram-se, ainda, os benefícios fiscais e estatais concedidos aos cônjuges, tal como a possibilidade de obtenção de visto permanente no estrangeiro ao casado com o indivíduo natural do país de residência. Como lógica decorrente, no entanto, alguns benefícios podem vir a gerar desincentivos ao casamento, tal como programas de assistência a mães solteiras, por exemplo. Para ilustrar, citemos caso ocorrido na Suíça, em 1989: naquele ano, o governo permitiu às mulheres solteiras que se casassem o acesso à pensão por morte do falecido esposo pelo resto de suas vidas, em oposição à política atual da época no sentido de que dita pensão perduraria por apenas doze meses a contar do óbito. O resultado foi um número de sessenta e quatro mil casamentos em dezembro daquele ano, na Suíça, enquanto a média de casamentos no mês de dezembro orbitava no total de três mil.[234]

De acordo com Posner, a abordagem da "economia de escalas"[235] constitui-se em mais um dos benefícios do casamento, aplicável à noção da produção familiar. Justifica a asserção exemplificando que, enquanto na família tradicional a tarefa especializada do homem era a de manter-se ativo no mercado laboral, cabia à mulher devotar sua atenção ao desenvolvimento e cuidados com os produtos oriundos

---

[233] PRICE, Joseph. Is it just about love? Factors that influence marriage. In *Research Handbook on the Economics of Family Law*. COHEN, Lloyd R.; WRIGHT, Joshua D. (Edit.). Northampton: Edward Elgar, 2013, p. 1.

[234] Idem, p. 6.

[235] Economia de escala é aquela que organiza o processo produtivo visando à máxima utilização dos fatores produtivos envolvidos no processo, procurando como resultado baixos custos de produção e o incremento de bens e serviços. Tal noção, aplicada à produção familiar, é também abordada por McKENZIE e TULLOCK em: McKENZIE, Richard B.; TULLOCK, Gordon. *La Nueva Frontera de La Economia*. Madrid: Espasa-Calpe, 1980. p. 146.

desta interação, o que somente se tornava possível a partir dos recursos angariados pelo marido, imprescindíveis para a mantença do lar, produção das refeições, cuidado com a prole, dentre o desenvolvimento de demais "mercadorias" familiares. Assim, segundo a concepção do autor, a especialização dos cônjuges em determinadas tarefas atuava como elemento redutor dos custos de produção de produtos essenciais para determinada família, já que a cada um cabia a responsabilidade por específicas tarefas no âmbito familiar.[236]

Giácomo Balbinotto esclarece que enquanto a produção de mercado trata do tempo gasto no mercado de trabalho, auferindo-se, em contrapartida, um salário que pode ser usado na compra de bens de mercado (a exemplo, um almoço no restaurante), trata a produção doméstica (*Home Production*) do tempo gasto em casa, quando os agentes utilizam bens de mercado para produção do produto final. Refere que o maior problema atinente à unidade familiar é alocar, de forma ótima, o tempo dispendido no mercado de trabalho e na produção familiar, de modo a dividir as funções de produção de acordo com as habilidades e preferências dos membros da família.[237]

Conclui-se, assim, que uma interação familiar eficiente requer a especialização de seus membros em distintas tarefas, de acordo com suas efetivas aptidões e habilidades. Os ganhos (benefícios) oriundos de tal organização em subtarefas específicas serão diretamente proporcionais à qualidade de suas interações e integração, citando-se, a título de ilustração, a alocação de tempo na divisão, pelo casal, em atividades tais como trabalho, supermercado e fiscalização da rotina dos filhos.[238]

Tem-se, assim, que maior será o excedente de produção quanto da forma mais eficiente ocorrer a divisão das atividades pelas partes. Por exemplo, considerando que o marido necessita de trinta minutos para fazer o rancho, enquanto a mulher necessita, para fazer este mesmo rancho, de uma hora, denota-se que ele possui uma "vantagem comparativa" em comparação à esposa, sendo eficiente ao casal que ele se encarregue de dita atividade. O mesmo se aplica, por exemplo, na análise das habilidades dos cônjuges para a criação dos filhos. Embora a tarefa incumba a ambas as partes, poderá haver contextos em que um dos genitores não terá paciência e habilidade para tanto,

---

[236] POSNER, Richard. *Economic Analysis of Law*. 17th edition. New York: 2007. p. 143-4.

[237] BALBINOTTO, Giácomo. *Notas de Aula*. Disponível em: <http://www.ppge.ufrgs.br/giacomo/arquivos/eco02268/funcao-producao-familiar.pdf>. Acesso em: 21 mar. 2013.

[238] CIGNO, Alessandro. *Economics of the Family*. New York: Oxford University press, 1991. p. 40.

sugerindo-se que o outro membro se encarregue do dever de forma mais ativa, eis que possui uma vantagem comparativa no processo educacional da prole.

Portanto, quanto mais eficiente a produção familiar, maiores os benefícios surtidos pelo casamento; decorrentemente, menores serão os custos para sua mantença e menores as chances de que os agentes optem pelo divórcio, conforme se verá.

3.2. Uma análise econômica do casamento como contrato

No primeiro capítulo, foram traçadas considerações acerca da natureza jurídica do casamento como um contrato, como uma instituição e como uma figura híbrida, apresentando-se argumentos a favor e contra cada qual de tais assertivas. Todavia, verificou-se ser mais adequada sua classificação como um contrato específico de Direito de Família, com todas as peculiaridades que envolvem a espécie.

Para a abordagem econômica do casamento, sua definição como um contrato é a que melhor se revela. De acordo com Lliord Cohen, trata o casamento de:

> (...) uma promessa de assumir riscos e pagar indenizações. Ou seja, cada parte assume o risco de que seu amor por seu cônjuge venha a terminar. Se isso acontecer, elas aceitam a responsabilidade legal pelas possíveis perdas.[239] [Tradução nossa].

A essência do casamento está no acordo de vontades realizado entre duas partes que, voluntariamente, assumem obrigações, direitos e privilégios, os quais poderão estar explícitos ou mesmo implícitos ao ato, tendo em vista a impossibilidade de o instrumento contemplar previsão de todas as contingências passíveis de se sucederem após a celebração do negócio jurídico.[240]

Trata, pois, de uma promessa mútua de natureza comportamental, já que relativa à necessidade de adoção de postura, por parte de ambos os contratantes, no sentido de gerar segurança ao consorte, para que permaneça este envidando energias e arcando com recursos à formação dos já analisados "investimentos específicos" matrimoniais, que então virão a agregar valia à união familiar.

---

[239] *(...) a promisse to assume risk and pay damages. That is, each part is promising the other that they will assume the risk that their love for their spouse dissolves. If that should happen, they accept legal responsibility for the loss to their spouse.* – COHEN, Lloyd R. "Marriage: The long-term contract". In: DNES, Antony W.; WOWTHORN, Robert (edit.). *The Law and Economics of Marriage and Divorce.* Cambridge: Cambridge Press, 2002. p. 11.

[240] SMITH, Ian. *The Law and Economics of Marriage Contracts.* Disponível em: <http://papers.ssrn.com/sol3/papers.cfm?abstract_id=416650>. Acesso em: 22 nov. 2012.

Ian Smith expõe argumentos aventados por críticos contra a perspectiva contratual do casamento. Segundo ele, uma destas vertentes aduz que, ao considerar-se o casamento um contrato, estar-se-ia a advogar por seu caráter puramente econômico, como se meramente uma "troca de mercadorias" entre dois indivíduos fosse, em detrimento da consagração de valores tais como amor, intimidade, comprometimento e confiança entre o casal.[241]

Uma segunda linha teórica prega que, da concepção contratual, decorre a possibilidade de execução forçada de promessas tais como exclusividade sexual, comprometimento e suporte mútuo entre um casal, execução esta que viria a subverter o conceito de casamento, avesso à imposição estatal do cumprimento dos deveres conjugais. Uma terceira vertente, ainda, segundo o autor, sugere que os custos atribuídos ao Estado na verificação do (des)cumprimento contratual seriam em extremo exacerbados, já que é praticamente inviável o monitoramento da *performance* conjugal no cotidiano, razão pela qual a feição contratual, sob tal perspectiva, também não mereceria prosperar.[242]

Conforme analisado, a extirpação da discussão da culpa como um pré-requisito à concessão do divórcio reduziu os custos inerentes à dissolução do vínculo conjugal. Assim sendo, recentes mudanças no Direito de Família acabaram por também reduzir os incentivos às partes a investirem em produtos que serão mais facilmente "desvalorizados", porquanto o divórcio é hoje mais aceito e de facilitado acesso aos interessados.

A concepção contratual do matrimônio promove, portanto, proteção aos investimentos específicos de longa duração, mitigando efeitos perversos da assimetria informativa entre as partes e fomentando, decorrentemente, o emprego de recursos no casamento. Segundo ensinamentos de Fernando Araújo:

> Uma área fértil em exemplos contratuais muito sugestivos é a do casamento e dos acordos pré-nupciais, embora obviamente nessas áreas os juízos otimizadores da abordagem econômica devam ser temperados pela consideração de diversas peculiaridades. Na prática, a perspectiva da *Law and Economics* sobre as relações familiares tem contribuído muito para realçar a respectiva base contratual, em momentos de constituição e de dissolução de alguns dos seus vínculos componentes (não sendo propriamente surpreendente as semelhanças com muitos outros arranjos contratuais).[243]

---

[241] SMITH, Ian. *The Law and Economics of Marriage Contracts*. Disponível em: <http://papers.ssrn.com/sol3/papers.cfm?abstract_id=416650>. Acesso em: 22 nov. 2012.

[242] Idem.

[243] ARAÚJO, Fernando. *Teoria Econômica do Contrato*. Lisboa: Almedina, 2007. p. 1012.

Para o mesmo autor, referidas peculiaridades são atribuíveis a modificações jurídicas e sociológicas, verificando-se a partir delas o peso das normas sociais em torno dos institutos familiares. Afirma, todavia, que há valores matrimoniais impassíveis de redução ao figurino contratual sem que se desvirtue sua natureza, razão pela qual, a seu ver, a concepção relacional do contrato de casamento atua como verdadeiro remédio para redução da distância entre a teoria do contrato e as relações familiares, ao passo que tal concepção privilegia "antes a vida evolutiva das partes dentro de uma mini-sociedade normativa, como precisamente pode-se considerar-se ser o caso com uma família".[244]

Sob tal raciocínio, para o autor é flagrante a conveniência do paradigma relacional aplicado ao matrimônio, a partir do que se verifica a redução do temor atribuído à excessiva contratualização de instituto tamanhamente ligado à tradição e costumes impregnados na sociedade.

Em uma acepção ampla, trata o contrato relacional daquele no qual a preservação da relação é tida como o primordial objetivo das partes. Difere-se do contrato "discreto", "transacional" ou "pontual", na medida em que os contratantes têm, neste, ciência de que a incompletude das cláusulas contratuais são sanáveis a partir de formas alternativas de conciliação de interesses, sejam aquelas que emergem no próprio desenvolvimento da relação, sejam as emergentes do quadro das normas sociais. É que o paradigma relacional menospreza estipulações contratuais explícitas, sugerindo que estas devem ser paulatina e positivamente substituídas pela interação que resulta dos jogos repetidos no âmago do contrato (no presente enfoque, na sociedade conjugal) e do alcance das normas sociais, apontando-se para a relevância da cooperação assente em elos de solidariedade e de reciprocidade.[245]

A título de ilustração, vejamos: é comum, em uma sociedade conjugal, a promessa mútua de que, enquanto "X" abandonará os investimentos na carreira, "Y" proverá o suporte financeiro do casal e da prole, garantindo sua sobrevivência, responsabilizando-se "X" pela mantença do lar e pela supervisão da educação dos filhos. Assim, a dinâmica da relação contratual, pouco a pouco, acentua a vulnerabilidade econômica de "X", que com o divórcio haverá que ser recompensado pelos investimentos empregados. E neste contexto é que o

---

[244] ARAÚJO, Fernando. *Teoria Econômica do Contrato*. Lisboa: Almedina, 2007. p. 1013.
[245] Idem, p. 397.

paradigma relacional do matrimônio contribui com o reconhecimento (jurídico) dos ganhos e das perdas respectivas a cada parte.[246]

Robert Leckey ressalta os *insights* ofertados pela teoria relacional à interpretação de regras jurídicas, exemplificando a noção a partir da fixação de pensão entre ex-cônjuges pelas cortes americanas. Refere que, neste momento, as cortes costumam calcular a extensão da dependência e o nível do suporte econômico necessário a partir da duração da união e das reais interações vislumbradas entre os consortes. Assim, visível a incidência do paradigma relacional na via prática, tal como, neste exemplo, no momento da estimação do valor a ser fixado como pensão de alimentos.[247]

Ian McNeill aponta existir um conflito entre a noção de maximização da utilidade individual e teoria do contrato relacional, cuja essência repousa na consciência mútua de cooperação entre os contratantes. Para ele, quanto mais relacional a troca entre as partes, mais artificial a ideia de maximização exclusiva dos interesses de cada qual. Desta forma, contratos permeados por investimentos específicos que se prolongam indeterminadamente no tempo (tal como ocorre no casamento e em uma união estável), manejados, ainda, pela completa idiossincrasia das partes (que por sua vez devem estar propensas a incorrer em ajustes de negociações ao longo do tempo, cientes também da insegurança e incerteza quanto ao ressarcimento por eventuais danos), não são eficientemente governados pela teoria clássica dos contratos.[248]

Aduz também o autor que contratos complexos quanto a obrigações e repletos de investimentos específicos somente podem ser regulamentados de forma eficiente se as partes adotarem uma real consciência de cooperação, a partir da qual a utilidade resultante da postura adotada por cada uma será diretamente proporcional à da outra, em uma relação oposta ao que denomina de "contratos discretos", eivados de prevalência de caráter competitivo.[249]

---

[246] A concepção relacional do contrato conjugal justifica a existência jurídica do instituto dos alimentos entre os cônjuges, a exemplo dos alimentos transitórios, modalidade através da qual há o pagamento de pensão de alimentos por período pré-determinado, de um ex-consorte/ex-companheiro ao outro, até que aquele desfavorecido financeiramente logre (re)ingressar no mercado de trabalho e assim prover seu digno sustento.

[247] LECKEY, Robert. Relational contract and other models of marriage. *HeinOnline* – 40 Osgoode Hall L.J. 1 2002.

[248] MACNEIL, Ian. *The Relational Theory of Contract:* selected works of Ian MacNeil – Edited by David Campbell. London: Sweet and Maxwell, 2001. p. 16.

[249] Idem, p. 21.

Luciano Timm sustenta que o princípio da boa-fé objetiva, como *standard* de comportamento, tem como escopo preservar as expectativas legítimas das partes. Para ele, o princípio "ajuda as partes a evitar dispêndios com contratos pormenorizados, na medida em que pode completar as cláusulas do contrato de acordo com os usos do local e com os costumes das partes",[250] contribuindo, assim, na correção das falhas de mercado, em especial as relacionadas à assimetria de informações.

Vejamos, portanto, que o princípio da boa-fé contratual se sincroniza, de forma coerente, com a concepção relacional. O casamento, como uma relação de longa duração – cujos contratantes devem, para a concreção da eficiência, reconhecer que a impossibilidade de completude de cláusulas torna imperativa a cooperação e transparência mútuas –, depende da observância a tal postulado para superação de impasses e remoção de obstáculos à maximização do bem-estar. O paradigma relacional, portanto, está umbilicalmente relacionado ao princípio da boa-fé contratual, como modo de vedar o *holdup* oportunista passível de surgir na vigência do negócio jurídico.

A teoria econômica do matrimônio somente vem a confirmar que a classificação do casamento como um contrato é a que mais se revela consentânea à noção de necessidade de proteção jurídica dos investimentos dele oriundos, residindo tal enfoque tanto na celebração do ato (como um acordo de vontades efetivado após o procedimento de escolha do cônjuge no mercado matrimonial) e na escolha do regime de bens (como mais um exemplo do exercício da autonomia da vontade), como na própria vigência matrimonial, quando então o paradigma relacional vem, satisfatoriamente, a elucidar o fenômeno observado entre os cônjuges na constância do contrato matrimonial, haja vista que a maximização de sua utilidade está proporcionalmente relacionada ao nível de investimentos específicos no curso do contrato.

3.3. A teoria da sinalização e o mercado matrimonial

A procura pelo cônjuge no mercado de casamento reveste-se de características econômicas, haja vista demandar a utilização de determinados recursos para obtenção de informações sobre o provável parceiro.[251] Portanto, muitas são as contribuições da ciência econômica

---

[250] TIMM, Luciano Benetti; GUARISSE, João Francisco Menegol. Análise Econômica dos Contratos. In: TIMM, Luciano Benetti (org.). *Direito e Economia no Brasil*. São Paulo: Atlas, 2012. p. 173.

[251] SHIKIDA, P. F. A. A. A economia e a formação de casais: evidências empíricas sobre anunciantes que procuram parceiros (as). *Tempo da Ciência – Revista de Ciências Sociais e Humanas*, Cascavel (PR), v. 5, n. 9, p. 90, jan./jun. 1998.

para uma apurada análise do processo de formação da sociedade conjugal.

Michael Spence[252] consagrou a Teoria da Sinalização sob a ótica do mercado de trabalho ao sustentar que as informações atinentes aos candidatos às vagas de emprego dificilmente chegam ao conhecimento do empregador com facilidade, o que lhes obriga a embasar a escolha em características tidas como "pré-requisitos" (como, por exemplo, nível de instrução ou educação visado), hábeis a sinalizar quais os atributos presentes no candidato são aqueles por si valorizados. Refere o autor que algumas características inerentes aos candidatos a vagas de emprego são imutáveis, involuntárias – tais como raça, sexo e idade –, enquanto outras são manipuláveis pelos indivíduos – tais como educação, currículo, apresentação –, atribuindo às primeiras a nomenclatura de índices e às segundas a de sinais.[253]

Para a teoria econômica, a análise da sinalização é de grande relevância, já que sinais emitidos pelos indivíduos se alteram de acordo com deliberados investimentos em custos de sinalização. A escolha em investir nos almejados sinais intenta maximizar a utilidade esperada, já que o emitente ver-se-á ostentando, no mercado desejado, características que lhe convém por alguma razão específica. Segundo Spence, uma dinâmica sinalizadora equilibrada é aquela na qual as crenças desenvolvidas pelos partícipes relativamente aos sinais indicadores das características (no exemplo, relativamente à produtividade dos candidatos) são confirmadas. E tal, decorrentemente, induz as partes a investirem em tais espécies de sinais, como um verdadeiro ciclo.[254]

A escolha, por parte dos indivíduos, dos adequados sinais, é resultante de um processo gradual de observância àqueles que efetivamente logrem distinguir portadores de certas habilidades, características, expectativas e personalidade daqueles que não as possuem, o que gerará a credibilidade necessária à sinalização em cada contexto. Neste sentido, Ian Molho, utilizando-se também do mercado laboral como exemplo a ilustrar a teoria da sinalização (alicerçado no pioneiro trabalho desenvolvido por Michael Spence):

> Por que nem todos os candidatos a emprego investem em educação no mesmo nível, a fim de receberem todos ofertas de emprego bem pagas? A resposta a esta pergunta, e a razão pela qual a educação como um sinal pode "funcionar", encontra-se na pre-

---

[252] Spence foi ganhador do Prêmio Nobel de Economia (2001) por seus trabalhos no campo da economia da informação moderna e por suas pesquisas sobre mercados com assimetria de informação, dividido com outros dois economistas estadunidenses, George Akerlof e Joseph Stiglitz

[253] SPENCE, Michael. Job Market Signaling. *The Quartely Journal of Economics*, v. 87, Issue 3, p. 357, ago. 1973.

[254] Idem, p. 361.

missa de que há custos envolvidos na sinalização que são maiores para os candidatos baixa capacidade. (Isso pode ser porque é mais difícil, em algum sentido, para as pessoas baixa capacidade "atingirem o nível" adequado na educação, por exemplo). Como resultado, os candidatos de baixa capacidade podem ser dissuadidos de investir na educação (...). A presença de diferenças nos custos de sinalização para os trabalhadores de distintas qualidades dá credibilidade ao sinal da "educação". Assim, pode a sinalização servir para gerar informações para os empregadores, como um processo endógeno do mercado.[255] [Tradução nossa]

E, igualmente, no mercado de casamento, não é possível constatar, com alto grau de precisão, quais as qualidades e defeitos inerentes aos demais partícipes. Aliás – e conforme restará estudado oportunamente – informações assimétricas entre os agentes constituem-se uma falha do mercado, contribuindo à escolha racional pelo divórcio, posto que reduzem os benefícios atribuídos ao casamento.

O processo de escolha do parceiro adequado não é aleatório, mas sim ancorado na interpretação de sinais emitidos pelas partes com um mesmo objetivo, qual seja: maximização de sua utilidade e renda. Os custos de sinalização, neste âmbito, tratam de investimentos em educação, aparência, higiene, saúde física, profissão (incremento de currículo), beleza, vestuário, viagens, bons restaurantes, dentre alternativas outras que efetivamente reflitam as prioridades do indivíduo quanto àquilo que pretende expor sobre si, bem como um facilitador para que também encontre os parceiros a si ideais no mercado do casamento. Tais sinais hão que portar credibilidade quanto à imagem que se intenta projetar no mercado conjugal, de modo que creia o emitente que a interpretação surtirá o resultado perseguido: agregar como candidatos os parceiros que valorizem tais características, devidamente sinalizadas.[256]

Nos tempos atuais, perfis em redes sociais (tais como *facebook* e *instagram*) podem ser interpretados como fontes de sinais – fotos e postagens – emitidos pelos participantes quanto a traços seus que pretendem exteriorizar ou mesmo ocultar, e a partir de onde, em contrapartida, os usuários encontram informações julgadas relevantes por possíveis companheiros. Entretanto, haja vista tratarem de sinal

---

[255] *Why don't all the job applicants invest in education to the level required in order to get well pais job offers? The answer to this question, and the reason why education signal might "work", lies in the premise that there are costs involved in signaling which are greater for the low ability applicants. (This might be because it is harder in some sense for low ability people to "make the grade" in education, for example). As a result, low ability applicants may be deterred from investing in education (...). The presence of differences in signaling costs for workers of different quality makes the signal of "education" potentially credible. Thus signaling behavior may serve to generate information for employers as an endougenous market process.* – MOLHO, Ian. *The Economics of Information – Lying and Cheating in Markets and Organizations.* USA: Blackwell Publishers, 1997. p. 63.

[256] BECKER, Gary Stanley. *Tratado Sobre La Familia.* Madrid: Alianza, 1987. p. 287.

de baixo custo e de temerária fidedignidade, podem vir a agregar assimetria informativa em uma relação mantida unicamente no âmbito virtual.

Estudos empíricos desenvolvidos nos Estados Unidos, no início da década de 1970, apuraram ser diretamente proporcional a relação existente entre o índice salarial do marido com o grau de educação da esposa, levando à conclusão de que o nível de instrução da esposa consiste em sinal expressivamente positivo a ser ofertado no mercado matrimonial, valorizando-a substancialmente em cotejo às demais partícipes. Outrossim, trabalhos realizados no mesmo país revelaram que, quanto maior a diferença salarial entre marido e mulher, maiores as chances de prosperidade do enlace conjugal. No mesmo sentido, Becker refere tratarem as características genéticas de sinais de máxima relevância, já que, sendo os filhos o produto de maior valia de uma sociedade conjugal, traços tais como raça, inteligência, altura e beleza geram maior certeza quanto a possíveis atributos presentes na prole, o que, decorrentemente, majora a expectativa de utilidade na relação buscada.[257]

Nesta perspectiva, Pery Shikida desenvolveu estudo de caráter eminentemente exploratório, alicerçado em informações fornecidas por anúncios feitos no Jornal Folha de São Paulo (intitulados "homem procura mulher" e "mulher procura homem") no período compreendido entre 05/01/1997 e 30/03/1997. O trabalho conclui ser maior o anseio masculino em informar à sua provável parceira sua formação profissional e situação financeira. Ainda, que a mulher, mais do que o homem, demanda do provável parceiro situações profissional e financeira definidas. Concernentemente à faixa etária, cor da pele e estado civil, evidenciou-se que as mulheres geralmente preferem homem de idade igual ou superior à sua, enquanto os homens geralmente preferem mulheres mais novas. Ainda no que se refere à idade, o estudo apontou maior concentração nos casos de faixa etária compreendida entre 31 a 39 anos, bem como maior propensão dos solteiros a declararem seu estado civil. Relativamente à cor da pele, aferiu-se que morenos e brancos, e morenas e brancas, foram, dentre os que optaram por declarar a cor da pele, os que mais apareceram.[258]

É o estágio que precede ao casamento, portanto, o momento ideal para que custos de informação quanto ao parceiro e suas reais expec-

---

[257] BECKER, Gary Stanley. *Tratado Sobre La Familia*. Madrid: Alianza, 1987. p. 226.

[258] SHIKIDA, P. F. A. A. A economia e a formação de casais: evidências empíricas sobre anunciantes que procuram parceiros(as). *Tempo da Ciência – Revista de Ciências Sociais e Humanas*, Cascavel (PR), v. 5, n. 9, p. 89-98, jan./jun. 1998.

tativas de uma vida a dois sejam empregados, a fim de que se evite eventual complicação futura de assimetria informativa, originada na fase pré-contratual. Pode-se afirmar que quanto maior o dispêndio de tempo (custo) junto ao parceiro, mais facilmente averiguar-se-á a compatibilidade de suas características com aquelas almejadas.

A conjuntura de todas as espécies de traços buscados no companheiro é o parâmetro para se aferir a capacidade de este somar utilidade à produção já existente ou, a longo prazo, reduzi-la. É justamente o potencial de maximizar o elemento empregado na busca como o principal norteador na procura do parceiro conjugal.[259]

Segundo Fernando Araújo:

> (...) o processo de recolha da informação prévia à celebração do contrato é complexo mas da maior relevância, sendo que muita da assimetria informativa que se verifica no contrato pode ser o resultado de decisões tomadas no momento da recolha de informação, decisões de inacabamento desse processo – ainda que, no caso do contrato, esse inacabamento informativo, quando detectado pela parte fragilizada por ele, possa ser remediado pela abertura à renegociação, ou até mais singelamente possa ser mitigado pela obtenção de informação suplementar.[260]

Forçoso afirmar, assim, que o emprego de custos de informação no momento que antecede o conúbio viabiliza também a elaboração de cláusulas contratuais, inseridas em um pacto antenupcial, que bem harmonizem os interesses patrimoniais das partes.

Maiores serão os custos que os cônjuges estarão dispostos a incorrer na seleção quanto maior for o grau de exigência do indivíduo. Quanto maiores suas expectativas, mais investimentos despenderão, à proporção de seu interesse na celeridade do processo de escolha do cônjuge ideal. Ainda, o mesmo se aplica no que tange à persistência de emprego de custos marginais de busca, na vigência do contrato matrimonial, por terceiro que eventualmente venha a maximizar de forma majorada seu bem-estar.[261]

O contrato matrimonial em si também funciona como um sinalizador em muitos aspectos. A começar, trata de natural indicador de comprometimento e de desejo de mantença de uma consistente relação. A pessoa casada sinaliza para a sociedade estar sexualmente indisponível e afetivamente bem resolvida. Segundo Robert Rowthorn, o cônjuge sinaliza à comunidade seu estado positivo de saúde, confia-

---

[259] POSNER, Richard. *Economic Analysis of Law*. 17th edition. New York: 2007. p. 147.

[260] ARAÚJO, Fernando. *Teoria Econômica do Contrato*. Lisboa: Almedina, 2007. p. 282.

[261] BECKER, Gary Stanley. *The Economic Approach to Human Behavior*. Chicago: The University of Chicago, 1976. p. 244.

bilidade, estabilidade emocional e ambição, o que lhe gera benefícios exteriores nos âmbitos profissional, familiar e social.[262]

Vale referir que, atualmente, e na maioria das sociedades, não mais a sinalização de tais características depende exclusivamente de um contrato matrimonial, presente que é forma menos onerosa na consecução do objetivo de sinalizar-se as mesmas características inerentes ao matrimônio: convivência *more uxorio*, característica das uniões estáveis.

Todavia, também é verdade que nem para todos a ausência de um específico contrato matrimonial garantirá o mesmo nível de comprometimento perante dada sociedade (ou mesmo perante a si e à família, tendo-se em vista a heterogeneidade cultural e intergeracional). É que, como sabido, a união estável em nada altera o estado civil do indivíduo, que permanece sendo civilmente solteiro, sem gozar desse específico efeito pessoal e social do matrimônio (alteração do estado civil). Assim, embora seja possível, hoje, prover-se reconhecimento jurídico às mais variadas e distintas formas de família, a entidade matrimonial ainda vem a atuar como sinalizador a melhor maximizar a característica de comprometimento de uma vida a dois.

3.4. A escolha do regime de bens sob a ótica da *law and economics*

Trata o pacto antenupcial do instrumento a partir do qual os nubentes elegem o regime de bens que vigirá no curso da união conjugal, bem como demais questões de natureza patrimonial. No Brasil, sua ausência redunda na incidência do regime legal de bens, qual seja, o da comunhão parcial, o que se opera automaticamente.[263]

Intentar-se-á abordar a contribuição da *Law and Economics* na explicação da escolha de um regime matrimonial por parte dos indivíduos, buscando delinear as principais hipóteses que suscitam distintas opções, bem como demonstrar, precipuamente, as contribuições da aplicabilidade da Teoria da Sinalização também na etapa da eleição do regime matrimonial de bens.

Para a ciência econômica, o pacto antenupcial pode ser visto como um acordo que busca reduzir os custos financeiros atribuídos

---

[262] ROWTHORN, Robert. Marriage as a signal. In: DNES, Antony W.; WOWTHORN, Robert (edit.). *The Law and Economics of Marriage and Divorce*. Cambridge: Cambridge Press, 2002. p. 132-57.

[263] Vide item 1.4.

ao divórcio a partir de um planejamento dos consortes quanto ao desfecho de seus projetos conjuntos, tendo em vista que nem sempre as normas jurídicas geram, por si só, uma decisão efetivamente eficiente às partes. Assim sendo, pode ser o contrato pré-matrimonial reputado como um redutor de número de decisões judiciais ineficientes, prezando pela coerência entre a alocação dos investimentos conjugais e o projeto dos cônjuges.[264]

No cenário de escolha das cláusulas constantes do pacto antenupcial – sejam elas relativas à eleição de um regime de bens específico, ou a formularem um regime "misto", cuja confecção requer maior sofisticação e detalhamento – o que é também pouco estudado são as variáveis psicológicas passíveis de interferir de forma altamente significativa no processo de negociação do instrumento pré-nupcial.[265]

Para Sam Margulies – mediador especializado em divórcio dos Estados Unidos –, dentre os grandes percalços enfrentados pelas partes no momento da escolha do regime encontram-se as proposições emocionais, passíveis de afetar o matrimônio de forma a mesmo impedi-lo de ser concretizado. Para ilustrar suas convicções, o especialista narra um caso do qual participou, no qual, enquanto o advogado do noivo sugeria ao casal cláusulas que protegessem meticulosamente todos os interesses do varão, a noiva via a relação deteriorar-se ante a vulnerabilidade emocional que lhe tomava conta, sentindo-se desprotegida e injustiçada perante tais cláusulas. No caso em questão, as cláusulas formuladas pelo varão (tal como a que impunha a separação total dos bens adquiridos no curso conjugal e a que manifestava a renúncia da virago em receber alimentos na eventualidade do divórcio) foram interpretadas pela noiva como uma mensagem de absoluta "falta de credibilidade" do noivo na comunhão, de modo que, somente após inúmeras e desgastantes brigas e tratativas, obtiveram um acordo.[266]

Muito embora seja verdade que o "amor romântico" possa não ser sinônimo de formulação de um contrato antenupcial, ignorar a alternativa pode culminar em prejuízos irreparáveis às partes, principalmente quando este não atende da melhor forma os interesses patrimoniais envolvidos. E, nesse contexto, muito a Teoria da Sinalização tem a esclarecer.

---

[264] MAHAR, Heather. *Why There Are So Few Prenuptial Agreements?* Disponível em: <http://www.law.harvard.edu/programs/olin_center/papers/pdf/436.pdf>. Acesso em: 15 mar. 2013.

[265] MARGULIES, Sam. The Psycology of Prenuptial Agreements. *HeinOnline – 31 J. Psychiatry & L.* 2003. p. 415.

[266] Ibidem.

Ora, com efeito que as tratativas negociais de natureza patrimonial que antecedem o matrimônio propiciam compreensões recíprocas às partes acerca da personalidade e expectativas dos companheiros. Assim, enquanto a psicologia atrela-se aos sentimentos despertados nas partes a partir da discussão quanto ao regime a ser eleito, a análise econômica investiga o conjunto de fatores que, somados, fazem com que os indivíduos se inclinem, racionalmente, para a escolha de um ou outro regime de bens, provendo explicação lógica às principais hipóteses e perfis de nubentes que optam por lançar mão do pacto antenupcial.

A despeito de fato de que, em alguns casos, tal espécie de contrato possa sinalizar inseguranças ou desconfianças imbuídas na relação – vindo, muitas vezes, a fazê-la fenecer –, os aspectos positivos predominam, já que a discussão quanto aos investimentos a serem empregados na vigência contratual acaba por esclarecer importantes traços de personalidade dos parceiros e demais características que muitas vezes somente acabariam por ser reveladas no curso do matrimônio, ou mesmo apenas no divórcio.[267]

Portanto, a opinião do parceiro quanto ao adequado regime de bens, em sua visão, é capaz de atuar como um efetivo emissor de sinal quanto a preferências do companheiro, outrora ocultos. Desta forma, pode-se inferir que atua o contrato antenupcial como uma espécie de redutor de custos de assimetria de informações, haja vista antecipar reações e revelações de dados que possivelmente seriam aventados somente no momento do divórcio.

Para Michael Simon, ainda, além de aclarar reais interesses e aproximar (ou distanciar) os nubentes, "em um mundo legalmente perfeito, as pessoas analisariam seus contratos antenupciais a cada cinco anos e verificariam se seria ou não necessário ajustá-lo".[268] Atentemos que, no Brasil, toda e qualquer tomada de decisão por alteração do regime de bens vigente em um casamento necessita, imperiosamente, perpassar pelo crivo jurisdicional, mediante pedido a ser fundamentado ao juiz. Desta forma, sucessivas revisões no contrato antenupcial, realizadas em curtos períodos de tempo, deparar-se-iam com entraves junto ao Poder Judiciário, cujas ações tramitam de forma muitas vezes morosa ou custosa às partes.

---

[267] SION, Michael. *Money And Marriage: How to Choose a Financially Compatible Spouse*. Disponível em: <http://www.aier.org/sites/default/files/publications/EB201012.pdf>. Acesso em: 09 mar. 2014.

[268] Ibidem.

Segundo Erika Haupt, são sete os principais perfis de casais que buscam o pacto antenupcial, divididos entre si em três grupos. Primeiro, atribui a incidência do instrumento a casais jovens ou que estejam em seu primeiro matrimônio. Neste perfil, são três as possibilidades. A começar pelo casal "profissional", que geralmente não planeja ter filhos e que privilegia a proteção de recursos acumulados a partir do desenvolvimento de suas carreiras, claramente indesejando a intersecção entre suas vidas pessoal e afetiva com a profissional e patrimonial. Ainda, neste caso resta claro que não pretendem os nubentes verem-se responsáveis por pagamento de pensão alimentícia ao parceiro no advento do divórcio. No mesmo grupo, estão os casais nos quais uma das partes arca com todos os custos de formação profissional do parceiro, de modo que geralmente estabelecem um *quantum* a ser pago àquele que empregou recursos na formação do cônjuge, como uma espécie de "indenização". Por fim, aqueles casais jovens porém preocupados com as dívidas ou mesmo potencial de acumulação de dívidas por parte do parceiro, e que buscam proteção contratual para que estas não se comuniquem na ocorrência de divórcio.[269]

Vejamos que, no Brasil, as soluções cabíveis às hipóteses acima seriam, genericamente, a estipulação do regime de separação de bens aos casais "profissionais" e àqueles detidos na preocupação quanto aos débitos do consorte. No que tange aos casais nos quais uma das partes custeia a formação profissional do parceiro, interessante seria que versasse o pacto acerca de tal realidade, prevendo, assim, uma espécie de "indenização" associada à renda do ex-estudante, porém que se reduzisse de forma proporcional à durabilidade do enlace conjugal.

Em um segundo grupo, encontra-se o perfil de casais mais velhos ou que estejam em um segundo casamento. Relativamente aos casais mais velhos e com filhos já independentes financeiramente, a autora reputa ser mais comum a eleição de um regime em que, na ocorrência de divórcio, nada se comunique, porém o oposto ocorrendo se, casados, um venha a falecer, quando então herdará os bens do consorte. Ainda, para casais em segundas núpcias e com filhos ainda menores e dependentes, considera adequada uma escolha que lhes assegure não estarem incorrendo nos mesmos erros do primeiro matrimônio, de modo que o grau de comunicabilidade patrimonial ou mesmo a obrigatoriedade de prestação de alimentos se majore gradativamente

---

[269] HAUPT, Erika L. For Better, For Worse, For Richer, For Poorer: Premarital Agreement Case Studies. *HeinOnline – 37 Real Prop. & Tr. J.*, v. 2002-2003. p. 29.

a cada ano de sucesso da relação, alterando-se o regime com o passar do tempo.[270]

No Brasil, o primeiro caso seria hipótese de eleição de regime de separação convencional de bens, mesmo que as partes maiores de 70 anos de idade (a partir de quando o regime de bens é arbitrariamente o da separação obrigatória de bens), haja vista a existência da Súmula 377 do STF, que prevê, mesmo assim, a comunicabilidade daqueles bens adquiridos na constância matrimonial, conforme analisado anteriormente. Já aos casais em segundas núpcias e cautelosos, com intuito de proteger o patrimônio amealhado até então, e ainda aquele que virá a se transformar, a eleição de um regime "misto" seria alternativa hábil a promover os cuidados desejados, de modo que o envolvimento patrimonial das partes se condicionasse à extensão e consistência da união.

É verdade também que nubentes "em segundas núpcias" revelam-se mais temerosos quanto às decorrências patrimoniais da união, seja por terem já vivenciado a falência de uma relação afetiva (conhecedores, pois, de muitos de seus efeitos patrimoniais), seja por visarem a somente beneficiar os filhos com os bens já adquiridos, dentre outras distintas hipóteses, conforme expõe William Cantwell:

> Várias preocupações, fruto de um casamento anterior, podem fazer com que as partes busquem um pacto antenupcial. Pode haver filhos. (...) Pode haver negócios, heranças, graus e práticas profissionais. Se ambas as partes forem divorciadas, provavelmente haverá um forte desejo de explorarem as possibilidades de contratação em um pacto antenupcial. Isso geralmente ocorre independentemente de pensam que seu divórcio foi uma vitória, uma derrota ou um empate.[271] [Tradução nossa]

Por fim, um último agrupamento de indivíduos com perfil típico para a elaboração de um pacto antenupcial diz respeito àqueles que possuam prósperos negócios (empresas) familiares ou que venham a receber, futuramente, expressivos bens em herança. E é comum que neste cenário os parentes do nubente com maior patrimônio familiar fomentem a eleição de algum regime que proteja o "parente-sócio" de eventuais e futuras divisões de lucros, cotas sociais empresariais ou acréscimos patrimoniais.

---

[270] HAUPT, Erika L. For Better, For Worse, For Richer, For Poorer: Premarital Agreement Case Studies. *HeinOnline – 37 Real Prop. & Tr. J.* 2002-2003. p. 29.

[271] Various concerns may compel parties to seek an antenuptial contract from a prior marriage. There may be children (…). There may be business, inheritances, professional degrees and practices. If both parties have been divorced there probably is a strong desire to explore contracting possibilities. This will usually be true whether they think that their divorce was a win, a loss or a draw. CANTWELL, William P. Premarital Contracting: Why and When. *HeinOnline – 8 J. Am. Acad. Matrimonial Law.* 1992. p. 45.

Muito embora as idiossincrasias das partes e familiares influenciem no momento da eleição do regime de bens, com efeito que, quanto maior a discrepância de riqueza entre os nubentes, mais fácil será prever quais as cláusulas a serem formuladas em tal contrato, quando que uma delas assume posição de "poder" e a outra de "vulnerabilidade". E o oposto também é verdade, já que, quanto mais equiparada a renda dos nubentes, maior o rol de alternativas a serem cogitadas no momento do acordo.[272]

Dois são os principais fenômenos atribuídos à pouca utilização do instrumento antenupcial nos Estados Unidos: i) pouco valor atribuído ao pacto (decorrente da ignorância quanto às suas funcionalidades) e ii) subestimação, pelos agentes, da real probabilidade do divórcio.[273]

Outrossim, custos de informação relativos ao amplo rol de possibilidades de conteúdo a ser inserido no pacto antenupcial, associados à tímida divulgação de suas funcionalidades e alcance, muitas vezes frustram sua confecção. A fim de obter-se correto conhecimento jurídico-legal, consultas com advogados especializados no ramo são alternativas positivas à alocação eficiente dos bens e dos interesses das partes, vindo a reduzir os custos de transação atinentes ao eventual e futuro divórcio.

Restou claro, ainda, em dita pesquisa, que a inclinação dos indivíduos a serem exacerbadamente otimistas (a crer que o divórcio jamais será uma realidade a ser vivida) é fator que proscreve a curiosidade pelo conhecimento da relevância jurídica do instrumento, vindo a perpetuar a ignorância quanto à sua eficácia e possíveis benefícios.[274]

Do ora exposto, infere-se que, a despeito da constatada existência de determinados perfis de casais que mais lançam mão do pacto antenupcial, seu pouco uso pode ser atribuído ao "pessimismo" que este sinaliza, interpretado como um estereotipado projetor de descrença das partes (ou de uma delas) na união conjugal, deflagrando sentimentos passíveis de fazê-la fracassar antes mesmo de vir a formalmente existir.

Aliadamente a isto, também a ignorância dos nubentes quanto às reais chances de o divórcio vir ocorrer e a ausência de conhecimento

---

[272] CANTWELL, William P. Premarital Contracting: Why and When. *HeinOnline – 8 J. Am. Acad. Matrimonial Law.* 1992, p. 45.

[273] MAHAR, Heather. *Why There Are So Few Prenuptial Agreements?* Disponível em: <http://www.law.harvard.edu/programs/olin_center/papers/pdf/436.pdf>. Acesso em: 15 mar. 2014.

[274] Ibidem.

quanto aos vastos benefícios e alcances do instrumento – quando manejados adequadamente pelas partes, preferencialmente assessoradas por profissionais conhecedores do tema – redundam em sua pouca incidência prática no Brasil e no mundo.

4. Análise econômica da dissolução do vínculo conjugal

A presente seção iniciará com uma abordagem dos principais problemas causados pela assimetria informativa no contrato matrimonial, quais sejam estes: seleção adversa e risco moral. Partindo-se da premissa de que o divórcio somente se opera quando os custos atinentes à relação superam os benefícios dela oriundos, imperativa a análise de tal dinâmica para a compreensão, ao final, dos incentivos e desincentivos criados pelo Direito e da aplicabilidade do Teorema de Coase no cenário da dissolução do matrimônio.

4.1. Considerações acerca da assimetria informativa no casamento: seleção adversa e *moral hazard*

Grande parte dos problemas enfrentados no divórcio, ou que nele redundam, advém da problemática da assimetria informativa, como uma falha passível de repercutir em qualquer fase do enlace conjugal: seja em sua formação, vigência ou dissolução. Segundo ensinamentos de Fernando Araújo:

> (...) os avanços da Economia da Informação e o crescente reconhecimento de que os custos de obtenção da informação não são despiciendos e podem tornar ineficiente a busca de informação completa, o reconhecimento das vantagens estratégicas ínsitas, seja na exploração da ignorância racional (o grau óptimo de informação incompleta), seja na exploração da ignorância racional da contraparte, e, mais importante ainda, o reconhecimento de que os custos de informação são custos de oportunidade, e são os mesmos custos de oportunidade que são ultrapassados pelas vantagens da divisão social do trabalho e da especialização, tudo isso (e outros factores ainda, que referiremos), levou a que se aceitasse, ou a que não pudesse recusar-se, a complicação da assimetria informativa.[275]

---

[275] ARAÚJO, Fernando. *Teoria Econômica do Contrato*. Lisboa: Almedina, 2007. p. 281.

Constitui-se a assimetria informativa, segundo o autor, em um peculiar "custo de transação", que impede a partilha de informação entre as partes e, decorrentemente, reduz os incentivos para que promovam a harmonização de seus interesses.[276]

No contrato matrimonial, a falta de simetria informativa entre os contratantes pode derivar de muitas razões: do curto período de relação afetiva na fase que antecede as núpcias (períodos do namoro e do noivado) – momento no qual cabe o acesso às informações da forma mais plena possível –, das limitações cognitivas das partes, que deixam de explorar o conhecimento de circunstâncias que em um futuro breve vêm a interferir significativamente na relação afetiva (como a ciência da existência e do alcance jurídico do pacto antenupcial), e mesmo de fatores atribuídos às personalidades e crenças dos parceiros envolvidos, que podem, voluntariamente, optar por não revelar certas informações, mantendo-as privativas.

Muito embora a assinatura de um pacto antenupcial que verse detalhadamente acerca das soluções a serem atribuídas a inúmeras contingências no advento do divórcio possa ser, quiçá, um dos bons exemplos a ilustrar uma ampla partilha de informações entre as partes contratantes, há outros mais hábeis a fazê-lo.

Cite-se, nesse contexto, por exemplo, o convite de um dos cônjuges para a abertura de uma conta bancária conjunta. A mantença de um investimento conjunto como a caderneta de poupança, em que ambas as partes podem livremente ter acesso aos valores ali depositados e proceder em saques a qualquer tempo, culmina em uma permanente partilha de informações quanto às finanças conjugais, porquanto não caberá a apenas um dos consortes a administração e manejo do *quantum* ali depositado, que fica disponível a ambos.

Ainda, o mesmo raciocínio aplica-se aos contratos de financiamento imobiliário que tenham por base a anunciada (e comprovada) renda do casal, assim como a declaração conjunta de imposto de renda (mesmo que o interesse primordial seja o gozo de benefícios fiscais). Enfim, todo e qualquer ato que logre partilhar informações que sejam reputadas como relevantes pelas partes atua como um "redutor dos custos de monitoramento" do contrato conjugal, prezando pela harmonia da relação conjugal.

Como as principais patologias derivadas da assimetria informativa, figuram a seleção adversa e o risco moral (*moral hazard*). Embora geralmente ocorram em momentos distintos – a primeira na fase de

---

[276] ARAÚJO, Fernando. *Teoria Econômica do Contrato*. Lisboa: Almedina, 2007. p. 283.

negociação do contrato e a segunda em sua vigência –, não se pode assumir que tratem de domínios *ex ante* e *ex post* da assimetria informativa, de modo que suas distinções transcendem a critério eminentemente temporal.

Neste contexto, a seleção adversa é melhor definida como uma "equivocada" escolha do parceiro e/ou de termos contratuais, quando uma das partes, desprovida de corretas (ou completas) informações, segundo Fernando Araújo, "oferece condições contratuais medianas que afastam os melhores parceiros potenciais – aqueles que, conhecendo as suas próprias características e julgando-se acima da mediana, consideram desvantajosas as condições propostas".[277]

Vejamos que no contrato matrimonial muitas são as etapas passíveis de serem acoimadas pela seleção adversa. A começar, a própria escolha dos parceiros pode amparar-se em informações distorcidas e incompletas quanto àquele. Ainda, na presente perspectiva, informações equivocadas acerca da renda de qualquer dos nubentes, de seus níveis de capacitação profissional e patrimônio amealhado preteritamente podem apontar para regimes de bens conjugais inadequados a tais realidades, vindo a comprometer uma eficiente partilha de bens futura.

No que tange à conceituação do *moral hazard*, a análise da relação agente-principal em muito contribui. Na aludida interação, um indivíduo (designado como "agente"), atua e toma as decisões em nome de outro (designado como "principal"), por dominar determinado assunto ou ser especialista em específico ramo ou área de conhecimento técnico. Desta forma, o agente age e recebe alguma compensação em contrapartida, enquanto o principal, por seu turno, observa e fiscaliza o trabalho do agente. Desta forma, a interação ocorre sob condições de inevitável assimetria informativa, cabendo ao principal, assim, fazer inferências acerca da atuação do agente a partir da observância de sua conduta.[278]

Na espécie, o risco moral surge quando os objetivos entre agente e principal diferem substancialmente, o que permite que o primeiro obtenha vantagens às custas do segundo, passando a atuar em benefício de seus interesses privativos em detrimento dos interesses conjuntos ou mesmo exclusivos do principal. Eis, então, que se verifica sua ocorrência: quando a parte provida de maior número de informações passa a atuar de forma oportunista, negligenciando nos deveres

---

[277] ARAÚJO, Fernando. *Teoria Econômica do Contrato*. Lisboa: Almedina, 2007. p. 285.

[278] MOLHO, Ian. *The Economics of Information – Lying and Cheating in Markets and Organizations*. USA: Blackwell Publishers, 1997. p. 119.

de cooperação mútua entre os contratantes. De acordo com Fernando Araújo:

> (...) a expressão não denota necessariamente qualquer perversão moral (embora abarque também abusos fraudulentos), contudo ela tem uma clara conotação negativa, ao menos porque ela sugere que há alguma "miopia" na gestão do recurso comum que é a confiança recíproca das partes no cumprimento pontual das suas obrigações e no acatamento estrito das estipulações contratuais.[279]

Oportuno exemplo é o dos indivíduos que abdicam de suas carreiras para dedicarem-se exclusivamente aos cuidados com os filhos, desconhecedores das dificuldades que viriam a encontrar caso almejassem futura reinserção no mercado laboral, ou mesmo de que a pensão de alimentos na espécie dar-se-ia somente por tempo determinado (alimentos transitórios). No entanto, embora o outro cônjuge saiba do possível enfrentamento de tais dificuldades caso o divórcio ocorra, deliberadamente opta por não comunicá-las ao parceiro, lucrando, assim, a partir da desnecessidade de contratação de profissionais tais como babá e cozinheira, tarefas estas assumidas pelo parceiro então ainda fora do mercado de trabalho.

O mesmo se opera quando o consorte inicia processo de transferência do acervo conjugal para sociedade empresária do qual faz parte, apropriando-se ilegitimamente da meação do cônjuge, por sua vez alheio às questões patrimoniais do casal por razões próprias da relação, que variam em cada caso.[280]

Neste viés, os efeitos da assimetria informativa podem afetar a produção da sociedade conjugal como um todo, incentivando a ausência de investimentos na sociedade conjugal:

> O modelo de informação simétrica também pode falhar por causa da problemática do risco moral. Pode ser difícil determinar investimentos de cada cônjuge na sociedade conjugal e ressarci-los sobre o seu investimento realizado. Assim, existem incentivos para investir em menos do que a quantidade ideal de específico capital conjugal. Esses incentivos podem ser afetados pelas restrições impostas por diferentes da lei do divórcio.[281] [Tradução nossa].

---

[279] ARAÚJO, Fernando. *Teoria Econômica do Contrato*. Lisboa: Almedina, 2007. p. 288.

[280] Sobre o tema, vide: GOMES FERREIRA, Cristiana Sanchez. A desconsideração da personalidade jurídica na partilha de bens conjugais sob o viés da Law and Economics. In: *O Direito do lado esquerdo do peito – ensaios sobre direito de família e sucessões*. DA ROSA, Conrado Paulino; THOMÉ, Liane Busnello. (Coord.). Porto Alegre: Instituto Brasileiro de Direito de Família (IBDFAM/RS), 2014, p. 223-236.

[281] *The symmetric information model can also fail because of the moral hazard problem. It can be difficult to determine each spouse's inputs to the marriage and to pay each the full return on his or her investment. Thus there exist incentive to invest in less than the optimal amount of marriage-specific capital. These incentives can be affected by the different constraints imposed by the divorce law.* PETERS, Elizabeth. "Marriage and divorce: Informational constraints and private contracting". In: *The American Economic Review*, v. 76, n. 03, published by American Economic Association, p. 438.

Em tal contexto, até mesmo o pacto antenupcial (cujo intento, a rigor, é o de prover simetria informativa ao contrato matrimonial) pode representar mais um favorável "artifício" ao cônjuge imbuído de má-fé, ao fazer este com que o outro consorte assine-o mesmo sem os necessários esclarecimentos quanto a seus efeitos jurídicos, relevância e conteúdo de cláusulas.

Vejamos, assim, que a teoria da assimetria informativa bem esclarece problemáticas comuns passíveis de exsurgirem na constância das núpcias, sendo sua aplicabilidade um essencial instrumento para a compreensão dos fenômenos que comumente se constituem em um verdadeiro custo à mantença do contrato matrimonial.

4.2. O divórcio como escolha: dialética entre custos e benefícios

Partindo-se da premissa já abordada, desenvolvida por Gary Becker, de que as pessoas casam se – e somente se – o nível de utilidade esperada exceder aquela em permanecer-se solteiro, assume-se que o divórcio somente ocorrerá quando a expectativa de sua utilidade – ou a de casar-se com um terceiro – superar a de permanecer-se em sociedade conjugal com o atual parceiro.[282]

O incentivo ao divórcio é inversamente proporcional ao volume de específicos investimentos engendrados no curso do contrato matrimonial, e, uma vez majorados estes investimentos no decorrer do casamento, os incentivos à separação reduzem-se paulatinamente no tempo. Por outra banda, maior será o benefício esperado a obter-se com o divórcio quanto maior for a convicção do indivíduo no sentido de que o casamento se amparou em equivocadas ou distorcidas informações relativas ao companheiro.[283]

E, para Becker, tal convicção resulta do emprego de custos marginais de busca por informações relativas ao consorte e/ou a terceiros, potenciais parceiros, ainda inseridos no mercado matrimonial. Assim, quanto mais incompatível tenha sido a escolha com as características almejadas no parceiro, maior será a probabilidade de o divórcio vir a ocorrer, posto que maiores serão os custos a serem enfrentados para se permanecer em uma união a partir de qual a utilidade obtida é

---

[282] BALNINOTTO NETO, Giácomo. A Teoria Econômica do Casamento e do Divórcio. In: *Revista da Faculdade de Ciências Econômicas – UFRGS – Análise Econômica*, Porto Alegre/RS, n. 18, p. 138.
[283] BECKER, Gary Stanley. *The Economic Approach to Human Behavior*. Chicago: The University Of Chicago, 1976. p. 244.

inferior àquela planejada outrora (de acordo com a expectativa frustrada) ou passível de obter-se individualmente.[284]

A permanência em uma união com tais características representa um aumento dos custos de perda de oportunidade, já que o indivíduo, assim, abstém-se de buscar maximizar sua utilidade. Entretanto, quando tais custos alçam-se a patamar superior do que os benefícios advindos do contrato matrimonial, o divórcio torna-se alternativa-remédio à reversão do quadro instaurado. Ainda, observa-se que indivíduos mais exigentes tendenciam a um processo de permanente busca de informações por traços de parceiros disponíveis no mercado do casamento, estejam ou não ainda casados, notadamente quanto precários os investimentos realizados no curso do matrimônio (o que vale dizer que isso ocorre, a rigor, nos primeiros anos da vida conjugal).[285]

No que tange às principais causas atreladas ao fim de uma sociedade conjugal, segundo Becker,[286] tem-se como recorrente a transferência de um dos cônjuges para localidade diversa, em decorrência de oportunidade de emprego ou de estudos. Ante tal necessidade, haverá, por vezes, abrupta redução nas vantagens (benefícios) em permanecer-se casado, dado o distanciamento afetivo e a cessação do verdadeiro compartilhamento de vidas.

Casais formados por indivíduos portadores de diferentes níveis de educação, idade, de religião ou de raças geralmente comportam-se como se aceitassem incorrer em uma maior probabilidade de divórcio: tanto seus ingressos monetários como nível de fecundidade são mais baixos do que os da média social. Aponta Becker, ainda, que a razão para a formação de tais "casamentos mistos" deriva da crença, por parte de tais indivíduos, de que não virão a estar em situação melhor caso persistam na busca por um possível cônjuge, ou ainda por razões outras, tais como gravidez não planejada ou temor de completa desvalorização em virtude da já avançada idade.[287]

Muito embora a presença de filhos fortifique o vínculo conjugal, reduzindo as chances de sua dissolução, é verdade também que, por outro lado, sua presença pode vir a constituir-se em um significativo custo de reinserção no mercado de casamento, a ser arcado por aquele genitor que desempenha o papel de guardião dos menores. John Ermisch afirma que a mulher, por possuir vantagem comparativa na

---

[284] BECKER, Gary Stanley. *The Economic Approach to Human Behavior*. Chicago: The University Of Chicago, 1976. p. 244.

[285] BECKER, Gary Stanley. *Tratado Sobre La Familia*. Madrid: Alianza, 1987. p. 290.

[286] Idem, p. 300.

[287] Idem, p. 301.

produção familiar,[288] é alvo, no mercado de trabalho, de menores ofertas e condições salariais.[289]

O divórcio resulta, portanto, da ausência de recursos suficientes (tempo, energia e esforço emocional) e de comprometimento com o matrimônio. Para McKenzie e Tullock, tal pode ser reflexo tanto da falta de avaliação das partes quanto aos necessários investimentos conjugais ou mesmo da constatação de que os benefícios advindos da relação não compensam os possíveis investimentos.[290]

Para Bryant, dois são os principais fatores a influírem na escolha do agente pelo divórcio: a legislação que regulamenta o divórcio e a religião da qual o indivíduo faz parte. Para o autor, embaraço na legislação à obtenção do divórcio constitui-se em um ampliador dos custos do divórcio, criando desincentivo ao casamento. Do contrário, facilidades legislativas para a obtenção do divórcio estimulam o casamento, na medida em que amplia os benefícios à sua dissolução e, bem assim, à sua própria consecução.[291]

São as preferências, costumes, religião e peculiares características dos contratantes que ditam qual o nível satisfatório de utilidade resultante do casamento, formulando compreensões acerca do que para si representam "custos" e "benefícios" matrimoniais.

Nesse contexto, nota-se que o afeto entre os consortes possui também uma dimensão econômica, sendo sua intensidade sopesada no momento da escolha racional pelo divórcio. Um indivíduo afirma "amar" o outro quando o nível de satisfação obtido na relação compatibiliza-se ou transcende suas expectativas. Desta forma, quanto maior é o amor pelo parceiro, menor a inclinação das partes ao divórcio. Ora, é verdade que muitos casais unem-se sem qualquer elemento afetivo presente na relação. Contudo, ignorar a variável econômica do amor pode levar à equivocada compreensão de que a análise econômica desconsidera as implicações do amor entre casados, quando bem se sabe que é justamente o afeto, na atualidade, que vem a configurar uma entidade familiar e conferi-la proteção jurídica.[292]

---

[288] Para melhor compreensão da conceituação de "vantagem comparativa" no seio da sociedade conjugal, veja SZUCHMAN, Paula; ANDRESON, Jenny. *Spousonomics – Use a Economia para Lidar Melhor com seus Relacionamentos*. Rio de Janeiro: Elsevier, 2011, p. 3.

[289] ERMISCH, John F. *An Economic Analysis of The Family*. United Kingdom: Princeton, University Press, 2003. p. 184.

[290] McKENZIE, Richard B.; TULLOCK, Gordon. *La Nueva Frontera de La Economia*. Madrid: Espasa-Calpe, 1980. p. 141.

[291] BRYANT, W. Keith. *The Economic Organization of the Household*. Cambridge: Cambridge University Press, 1990, p. 236.

[292] McKENZIE; TULLOCK, op. cit., p. 153.

A noção de custos e benefícios atribuídos ao casamento são conceitos significativamente casuísticos, variando de acordo com as idiossincrasias dos agentes, muito embora haja uma relativa padronização quanto à compreensão de tais noções.

4.3. Aplicação do Teorema de Coase na dissolução do casamento: alternativas para a redução dos custos de transação

A *Law and Economics* desempenha relevante papel na explicação do comportamento dos indivíduos, buscando prever como as pessoas reagem às leis. A economia, assim, "proporcionou uma teoria científica pra prever os efeitos das sanções legais sobre o comportamento", de acordo com Cooter e Ulen.[293] Vejamos, pois, como tal se aplica em relação às normas atinentes ao divórcio.

Quanto mais clara for a legislação e mais disseminados os entendimentos jurisprudenciais, de forma mais eficaz poderão os agentes gerenciar seus comportamentos durante o casamento, visando à consecução de seus interesses e maximização de seu bem-estar. Cite-se, como exemplo, que cônjuges esclarecidos acerca de suas reais condições de reinserção no mercado laboral após o rompimento da relação geralmente envidam esforços para não abandonar o trabalho em prol de uma exclusiva dedicação aos filhos. Ao revés, dispendem mais tempo no aprimoramento de suas profissões, contando com babás, creches e outras formas alternativas de apoio nos cuidados diários com a prole.[294]

Impõe-se, assim, não apenas a necessidade de conhecimento dos custos a serem enfrentados na fase pós-divórcio, como também – e quiçá principalmente – da forma como o Direito é aplicado, posto que tal compreensão pode vir a modificar a forma como os consortes alocam seu tempo e prioridades na vigência do relacionamento.

Cada jurisdição estatal prevê as modalidades da dissolução do conúbio, tais como, por exemplo, se necessária ou não a imputação de "culpa" a um dos cônjuges pelo término da relação, se possível somente mediante pedido conjunto formulado pelas partes (divórcio consensual) ou se nem mesmo possível o requerimento, de modo que

---

[293] COOTER, Robert; ULLEN, Thomas. *Direito e Economia*. 5. ed. Porto Alegre: Bookman, 2010. p. 26.
[294] MNOOKIN, Robert H. Divorce. In *The New Palgrave Dictionary Of Law and Economics*. Newman, Peter (Edited by).1 – A-D. New York: Grove's Dictionaries, 1998. p. 643.ia a.

o matrimônio seja indissolúvel para todo e qualquer fim. Tendo em vista que o enfoque do presente trabalho é o Direito Brasileiro, somente este será analisado a título de concessão de exemplos ilustrativos.

No Brasil, e na maior parte dos países do mundo, não há mais que se imputar culpa ao consorte pela infração de algum dos já elencados (analisados no primeiro capítulo) deveres matrimoniais, tal como restou abordado na primeira parte do trabalho. Repise-se que a jurisprudência pátria há muito tempo vem refutando tal necessidade, a despeito de a legislação ainda exigir a atribuição da culpa como requisito a ser observado. Ainda, a partir da publicação da Emenda Constitucional n. 66 de 2010, não mais as partes têm de requerer a separação como requisito para que possam, posteriormente, vindicar o divórcio. Basta, portanto, que qualquer delas ingresse com ação judicial em relação ao consorte, postulando o decreto do divórcio.

Sob o presente enfoque, forçosa faz-se a conclusão de que, no Brasil, tanto a dispensa da exigência da culpa atribuída a uma das partes como condição ao requerimento do divórcio, como também a possibilidade de obtenção do divórcio sem a prévia (e antes exigida) etapa da separação, reduziram os custos atribuídos ao ato, notadamente no que diz respeito ao custo de tempo gasto com o processo, bem como em relação aos custos de natureza emocional suportados pelos indivíduos, principalmente quando tinham de "demonstrar" a um terceiro (juiz) qual parte infringiu algum dos subjetivos deveres atribuídos pela legislação civil aos consortes (o que, na prática, já se revelava tarefa desgastante inclusive à maquina judiciária).

Outrossim, também a possibilidade de requerimento de divórcio consensual em Tabelionato de Notas, em não havendo filhos menores, como novidade trazida pela Lei n. 11.441 de 2007,[295] culminou na redução de custos de caráter financeiro e temporal aos nubentes, que hoje podem obter o divórcio por mera escritura pública, sem terem de se submeter aos ritos processuais de praxe.

Dados coletados pelo IBGE demonstram que as mencionadas alterações legislativas afetaram frontalmente os incentivos ao divórcio: registra o órgão que o número de divórcios no Brasil, em 2011, alçou o patamar de 351.153, representando um crescimento de 45,6% em relação a 2010 (cujo número de divórcios registrados foi de 241.122), fazendo com que a taxa de divórcios atingisse o maior valor desde 1984. Tal evolução do número de divórcios é atribuída à Emenda Constitucional n. 66/2010, a partir de quando cessada a exigência da prévia

---

[295] Vide item 2.1.

separação, o que, como dito, repercutiu em expressiva redução de custos para a obtenção do divórcio.[296]

Martin Zelder alerta para o fato de que a permissão do divórcio unilateral sem culpa pode ser ineficiente do ponto de vista econômico nas hipóteses em que os benefícios da parte que postula o divórcio sejam inferiores aos custos gerados à parte que não o deseja. Em sua visão, verdadeiramente eficiente seria que apenas divórcios consensuais fossem aceitos por parte dos ordenamentos jurídicos, posto que o bem-estar de ambos os partícipes seria, a rigor, objeto de análise quando das tratativas do acordo.[297]

No mesmo sentido, John Ermish afirma que, enquanto um sistema jurídico que somente aceita o divórcio unilateral acaba criando um cenário muito mais propício para a dissolução das núpcias, aquele que admite unicamente a via consensual preza pela eficiente alocação dos recursos conjugais, vindo a maximizar a utilidade de ambas as partes.[298]

Opinião oposta é aventada por Lloyd Cohen, ao afirmar que o grande problema atribuído à possibilidade de apenas divórcios consensuais serem viabilizados pelo ordenamento jurídico seria a criação de incentivos, à parte que deseja o divórcio, à "dilapidação" do patrimônio conjugal, o que acabaria por reduzir o valor da sociedade matrimonial em si, e, consequentemente, fazer com que a anuência à dissolução, por parte do outro consorte, fosse obtida por um preço muito baixo. Em outras palavras, tal viabilizaria a ocorrência de práticas oportunistas no seio do contrato conjugal.[299]

Para o mesmo autor, a própria indissolubilidade matrimonial traria muito mais benefícios do que custos às partes: a um, porque seria exterminada a possibilidade de divórcios ineficientes; a dois, porque tal criaria incentivos às partes para que escolhessem adequadamente seus parceiros, fazendo com que sinalizassem suas reais características e buscassem amparar sua escolha no maior número de

---

[296] BRASIL, Instituto Brasileiro de Geografia e Estatística – IBGE. Disponível em <http://www.ibge.gov.br/home/presidencia/noticias/noticia_visualiza.php?id_noticia=2294&id_pagina=1>. Acesso em 20/12/2013.

[297] ZELDER, Martin. Inefficient Dissolutions As a Consequence of Public Goods: The Case of No-Fault Divorce. *HeinOnline* – 22 J. Legal Stud. 503,1993.

[298] ERMISCH, John F. *An Economic Analysis of The Family*. United Kingdom: Princeton, University Press, 2003. p. 189.

[299] COHEN, Lloyd R. "Marriage: The long-term contract". In: DNES, Antony W.; WOWTHORN, Robert (edit.). *The Law and Economics of Marriage and Divorce*. Cambridge: Cambridge Press, 2002. p. 31.

informações possíveis acerca do par, reduzindo a assimetria informativa presente no contrato.[300]

Para Cooter e Ulen, "ao negociar com as outras, as pessoas frequentemente chegam a um acordo a respeito das condições para sua interação e cooperação", sendo que em algumas ocasiões, contudo, tais condições (para cooperação e interação) são impostas por variáveis exógenas, como a legislação.[301]

Partindo-se de tal concepção, com efeito que as condições ajustadas pelas partes em um acordo poderão ser muito mais eficientes do que as que o legislador impõe, sendo a lei indesejada e mesmo inútil quando as negociações são exitosas. Nesse sentido, "as circunstâncias especiais que definem os limites do direito são especificadas numa proposição notável chamada de Teorema de Coase".[302]

Para uma adequada compreensão do Teorema de Coase,[303] necessária, primeiramente, a definição do conceito amplo de "custos de transação". Ditos custos tratam de todos aqueles correspondentes aos três passos de uma transação, quais sejam: i) custos de busca para a realização do negócio jurídico, ii) custos próprios da negociação e iii) custos de cumprimento do que foi negociado.[304] Na presente perspectiva, os custos mais expressivos – e que de forma mais acentuada interferem no sucesso ou fracasso da transação – dizem respeito aos custos de negociação, afinal, trata de momento no qual os agentes, geralmente imbuídos de sentimentos de rancor e tristeza em virtude do término da relação afetiva, têm de chegar a denominadores comuns relativos à divisão do excedente familiar.

O Teorema de Coase propõe que, na hipótese de as partes virem a negociar entre si de forma exitosa, o resultado eficiente será alcançado, independentemente da regra de direito. Duas noções, correlatas entre si, derivam da presente afirmação: 1) quando os custos de transação são nulos, um uso eficiente dos recursos resulta da negociação privada, independentemente da atribuição jurídica dos direitos de propriedade; e, em contrapartida, 2) quando os custos de transação

---

[300] COHEN, Lloyd R. "Marriage: The long-term contract". In: DNES, Antony W.; WOWTHORN, Robert (edit.). *The Law and Economics of Marriage and Divorce.* Cambridge: Cambridge Press, 2002. p. 32.

[301] COOTER, Robert; ULLEN, Thomas. *Direito e Economia.* 5. ed. Porto Alegre: Bookman, 2010. p. 99.

[302] Ibidem

[303] O Teorema de Coase foi publicado por Ronald H. Coase, em seu artigo intitulado "The Problem of Social Cost", em 1960. Desde então, a literatura apresenta o Teorema de maneiras distintas, sendo ora abordada e elaborada por Cooter e Ulen na obra em referência.

[304] COOTER; ULLEN, op. cit., p. 105.

são suficientemente altos para impedir a negociação, o uso eficiente dos recursos dependerá da maneira como os direitos de propriedade são atribuídos.[305]

Em outras palavras, o que o Teorema de Coase sugere é que, sendo viável às partes chegar a um acordo, quando os custos de transação forem baixos, tal ocorrerá independentemente da forma como as regras jurídicas estão estruturadas. Pode-se afirmar que, no âmbito do Direito de Família, os custos de transação serão mais baixos quando os direitos estiverem estruturados de forma clara e simples, não criando o próprio texto legal embaraços à interpretação. Ademais, quanto mais amistosas forem as partes envolvidas, a ponto de estabelecerem um diálogo construtivo, igualmente inferiores serão tais custos transacionais.

Um terreno fértil em exemplos trata das tormentosas ações judiciais envolvendo a disputa pela guarda dos filhos. Com o advento da Lei n. 13.058/2014, a guarda compartilhada deve ser aplicada pelos magistrados sempre em que ambos os genitores estiverem aptos ao exercício do poder familiar, salvo quando houver acordo em outro sentido ou quando um dos genitores declarar que não deseja a guarda do(s) filho(s).[306] Desta forma, questiona-se: como será quando, em que pese aptos ao exercício do poder familiar, restar claro, em dado contexto, que a beligerância das partes (ou seja, os custos de transação ao desempenho do compartilhamento) for fator crucial a impedir o salutar exercício da modalidade? Estando as partes dispostas a arcar com os custos de negociação – mesmo altos que podem vir a ser em contextos como o de disputas pela guarda –, poderão calcular condições razoáveis à cooperação, que não coloquem em xeque o próprio cumprimento da decisão/acordo judicial.

Outro exemplo é a forma como a pensão de alimentos pode ser fixada entre os cônjuges por parte do Judiciário. O desconhecimento quanto à durabilidade de sua vigência e mesmo em relação à sua definição jurídica pode fazer com que os contratantes incorram em erros de alocação de tempo e tarefas durante o relacionamento, equívocos estes passíveis de serem evitados a partir da redação de textos de lei mais claros e concisos.

Neste contexto, a prática da mediação familiar – como forma alternativa na resolução de conflitos, ao lado da arbitragem e da conci-

---

[305] COOTER, Robert; ULLEN, Thomas. *Direito e Economia*. 5. ed. Porto Alegre: Bookman, 2010. p. 102-3.

[306] Sobre o tema, vide: DA ROSA, Conrado Paulino. *Nova lei da guarda compartilhada*. São Paulo: Saraiva, 2015.

liação – constitui-se na aplicação concreta do Teorema Normativo de Coase, ao passo que sua recepção, por parte do ordenamento jurídico, confere uma possível redução dos custos de transação atinentes à negociação privada.

Na medida em que o surgimento de conflitos é natural ao término de uma relação afetiva, quase que "automaticamente" redundando no ingresso de uma ação judicial litigiosa tão logo detectados entendimentos contrários, verifica-se que, não raro, as decisões judiciais acabam sendo descumpridas, eis que, delegada a resolução a um terceiro (juiz), esta facilmente carece de conexão com os reais interesses das partes.[307]

A mediação aproxima-se da conciliação porquanto em ambas há a presença de um terceiro, neutro e imparcial, que intervém com a finalidade de mitigar os perversos efeitos do litígio. No entanto, diferentemente da conciliação, a mediação não objetiva o acordo, mas sim o diálogo entre as partes, sendo este o papel do mediador: atuar facilitando o diálogo entre as partes, empoderando-as a tomar suas próprias decisões, mesmo que isto não repercuta, jamais, em um acordo.[308]

De acordo com Marilene Marodin e Stella Breitman:

> A utilização deste paradigma, especialmente em situações de disputas familiares, provoca o fortalecimento dos vínculos e uma maior possibilidade de as pessoas resolverem positivamente situações de crise, mediante a priorização de uma filosofia intercomunicativa que preconiza a participação responsável. Os conflitos são administrados pelos próprios interessados através de decisões conjuntas, porém reconhecendo a singularidade de cada pessoa. Os envolvidos se tornam protagonistas das decisões assumidas, adquirindo habilidades para gerir suas próprias diferenças. Questões legais, financeiras, psicológicas, paternas, maternas e filiais são cuidadas sob uma perspectiva familiar, e não somente individualista.[309]

---

[307] MOLINARI, Fernanda; MARODIN, Marilene. A Mediação em Contextos de Alienação Parental: O papel do Mediador e dos Mediandos. In DA ROSA, Conrado Paulino; THOMÉ, Liane Maria Busnello (Org.). *O papel de cada um nos conflitos familiares e sucessórios*. Porto Alegre: IBDFAM/RS, 2010, p. 159.

[308] No Brasil, a mediação passou a ser disciplinada a partir da Resolução n. 125 do Conselho Nacional da Justiça (CNJ), de 29/11/2010, a qual, aditivamente, determinou aos tribunais brasileiros a criação de núcleos permanentes de métodos consensuais de resolução de conflitos. O novo Código de Processo Civil (Lei n. 13.105/2015) menciona trinta e nove vezes a palavra "mediação", regulamentando sua prática judicial nos artigos 165 ao 174, ao revés do anterior Código Processual Civil, no qual sequer havia referência à mediação. A mediação privada, por seu turno, é prevista no art. 175 do mesmo diploma, embora não diretamente regulamentada. Em abril de 2015, a Comissão de Constituição e Justiça e de Cidadania (CCJ) da Câmara dos Deputados, aprovou o projeto de lei do Senado Federal, que regulamenta a mediação extrajudicial e judicial no Brasil – PL 7169/14

[309] MARODIN, Marilene; BREITMAN, Stella. A prática da moderna mediação: integração entre a psicologia e o direito. In ZIMERMAN, D. e COLTRO, A. C. M. *Aspectos psicológicos na prática jurídica*. (471-488) Campinas: São Paulo, Millennium, p. 473.

No Brasil, a mediação passou a ser disciplinada a partir da Resolução n. 125 do Conselho Nacional da Justiça (CNJ), de 29/11/2010, a qual determinou aos tribunais brasileiros a criação de núcleos permanentes de métodos consensuais de resolução de conflitos. O novo Código de Processo Civil (Lei n. 13.105/2015) menciona trinta e nove vezes o termo "mediação", regulamentando sua prática judicial nos artigos 165 ao 174 – ao revés do anterior Código Processual Civil, no qual sequer referência à mediação havia. A mediação privada, por seu turno, é prevista no art. 175 do mesmo diploma, embora não diretamente regulamentada.

No mês de junho de 2015, foi publicada a Lei n. 13.140/2015, a qual dispõe sobre a mediação como meio de solução de controvérsias entre particulares e sobre a autocomposição de conflitos no âmbito da administração pública. A despeito de a lei nova não trazer mudança significativa no âmbito do que já vem sendo praticado, concebeu-se legalmente, enfim, o estabelecimento de um novo paradigma, cujo efeito está na criação de acordos viáveis de cumprimento, eis que derivados, tão somente, da efetiva vontade dos verdadeiros protagonistas.

Foi a sociedade brasileira, em um mesmo ano, brindada com dois novos instrumentos legais que regem o método, o que contribui de forma calorosa ao estabelecimento da cultura de pacificação na resolução dos conflitos.

Outra eficaz alternativa na tentativa de mitigar custos transacionais futuros trata do planejamento sucessório, cujos instrumentos mais comuns são a doação dos bens em vida, o testamento, a transferência de bens para uma empresa de participação e administração de tais bens (*holding* patrimonial) com a respectiva doação de bens, ações ou quotas com cláusula de usufruto.

De acordo com Simone Tassinari Cardoso:

> A preocupação com os bens que serão deixados aos familiares em função da morte constitui, na sociedade contemporânea, uma realidade. Para atender às expectativas daquele que amealhou patrimônio durante a vida toda e pretende ver seu montante em continuidade ou evitar divergências familiares em torno da herança, um dos instrumentos mais eficazes é o planejamento sucessório. Através dele, profissionais lançam mão das melhores estratégias para obter os objetivos desejados pelo outorgante.[310]

As vantagens geradas a partir do manejo do planejamento sucessório são verificadas na medida em que culminam na redução dos

---

[310] CARDOSO, Simone Tassinari. Algumas peculiaridades dos instrumentos tradicionais de planejamento sucessório. In *O Direito do lado esquerdo do peito – ensaios sobre direito de família e sucessões*. DA ROSA, Conrado Paulino; THOMÉ, Liane Busnello. (Coord.). Porto Alegre: Instituto Brasileiro de Direito de Família (IBDFAM/RS), 2014, p. 292-305.

custos temporais e financeiros na realização do inventário, o qual, quando litigioso, como é sabido, pode perdurar muitos anos. Ainda, a carga tributária vinculada ao evento morte é sobejamente reduzida, muitas vezes, inclusive, elidida por completo. O que pode não se perceber de imediato, como significativa vantagem, trata da redução dos custos emocionais suportados pelos herdeiros, que, ainda vulneráveis pelo falecimento do ente querido, têm de reunir-se para tratar de questões burocráticas, o que pode acentuar ainda mais o sofrimento vivenciado e, naturalmente, acirrar litígios existentes no contexto familiar.

Tem-se, assim, que o valor líquido da negociação, a ponto de vir-se a desprezar a aplicação da lei, constitui-se no excedente cooperativo menos os custos de transação. Neste viés, de acordo com Cooter e Ulen:

> Outro obstáculo para a negociação é a hostilidade. As partes da disputa podem ter preocupações emocionais que prejudicam um acordo racional, como quando um divórcio é disputado litigiosamente. As pessoas que se odeiam mutuamente muitas vezes discordam a respeito da divisão do excedente cooperativo, embora todos os fatos relevantes sejam de conhecimento público. Uma ilustração: muitas jurisdições têm regras para dividir a propriedade no caso de divórcio que são simples e previsíveis para a maioria dos casamentos sem filhos. Entretanto, uma proporção significativa desses divórcio é litigiosa e não resolvida numa conciliação. Nessas circunstâncias, os advogados podem facilitar as negociações se interpondo entre partes hostis.[311]

Desta forma, pode-se concluir que os custos de transação serão mais baixos quanto menor a assimetria informativa entre os consortes, quanto mais claros e simples os direitos em discussão e quanto mais amistosos os divorciandos forem. Ao revés, serão os custos de transação mais altos quanto mais acentuada a assimetria informativa, mais complexa a legislação atinente à matéria e mais beligerantes os espíritos dos contratantes, assumindo-se que sempre há um limiar entre as regiões em que as negociações funcionam e não funcionam, a depender dos custos de transação presentes na hipótese.

Os custos de transação podem ser também endógenos ao ordenamento jurídico, podendo as normas jurídicas, portanto, diminuir os obstáculos de uma negociação privada. Assim, sugere o Teorema Normativo de Coase[312] que uma estruturação clara da lei é capaz de remover os impedimentos aos acordos privados, impondo ao Estado

---

[311] COOTER, Robert; ULLEN, Thomas. *Direito e Economia*. 5. ed. Porto Alegre: Bookman, 2010, p. 106.

[312] "Normativo" porque oferece orientação prescritiva para os legisladores, inspirado em Coase na medida em que o intercâmbio privado, em circunstâncias apropriadas, pode alocar direitos jurídicos eficientemente.

essa tarefa a fim de que se reduzam os custos transacionais, "lubrificando" o intercâmbio entre as informações das partes.[313]

Neste molde, uma clara e didática especificação de cada um dos regimes de bens e do alcance do conteúdo do pacto antenupcial muito viria a contribuir para a redução de assimetria informativa entre os divorciandos, já que, enquanto confusas e nebulosas tais disposições legais, não raro um dos contratantes privilegia-se de sua melhor interpretação em detrimento da ignorância do companheiro, o que oportuniza a adoção de práticas oportunistas.

Pode-se afirmar que a Análise Econômica do Direito sugere a estruturação de textos legais de fácil compreensão pelos leigos, tornando-lhes aptos a, se não compreender com exatidão a norma incutida nos dispositivos legais, não incorrer em graves erros de interpretação ou confusões conceituais, o que tende a majorar indesejados custos de transação futuros.

Vejamos, portanto, que a estruturação de leis que interagem nas soluções conferidas ao divórcio, bem como sua interpretação e aplicação por parte dos juristas, em muito afeta o comportamento dos agentes. Sua clara e sistematizada formulação capacita as partes a chegarem a um eficiente acordo, quando que, ao contrário, sua nebulosidade, contradição e linguagem exageradamente técnica impõem custos de transação altos o suficiente a ponto de obstar uma solução amigável, fazendo com que os contratantes tenham de submeter o desfecho das decorrências jurídicas da dissolução do contrato ao que a lei disponha e ao que o aplicador repute conveniente no momento oportuno ao julgamento, independentemente do grau de eficiência e forma de alocação das riquezas conjugais no caso concreto.

---

[313] COOTER, Robert; ULLEN, Thomas. *Direito e Economia*. 5. ed. Porto Alegre: Bookman, 2010, p. 111.

Síntese conclusiva

A classificação do casamento como um contrato *sui generis*, especial de direito de família, é a mais adequada em relação à sua natureza jurídica, a evidenciar tanto a concreção do princípio da autonomia privada (posto que somente se constitui a partir de um acordo de vontades) quanto de sua faceta institucional, já que às normas de ordem pública cabe sua regulamentação e a prescrição de deveres matrimoniais a serem observados pelos contratantes. Neste viés, a tentativa de conceituação do casamento como um contrato, de acordo com a dogmática jurídica, contribui para a elucidação dos elementos pactuais nele presentes (respeitando-se a dissensão doutrinária neste ponto).

O presente trabalho abordou, de forma interdisciplinar, sob as concepções jurídica e da Análise Econômica do Direito, o casamento, união estável e consequências de sua dissolução, perpassando pelos aspectos econômicos de tais institutos, com enfoque no estudo dos regimes de bens existentes no ordenamento jurídico brasileiro, alimentos entre cônjuges e companheiros e aspectos práticos de maior recorrência no âmbito da partilha de bens, os quais são carentes de um maior enfrentamento por parte da doutrina pátria, crendo-se, portanto, que a presente obra tenha trazido relevantes contribuições.

Neste cenário, a aplicação do ferramental da Análise Econômica do Direito revelou-se um método extremamente útil à compreensão dos fenômenos da eleição do parceiro afetivo, do regime de bens, dos custos e benefícios empregados na vigência da relação conjugal e das circunstâncias que sugerem a sua dissolução.

Na perspectiva econômica, a visão contratual do casamento demonstrou-se novamente presente; afinal, para esta Ciência, trata-se o casamento de uma explícita e formal promessa de assunção de riscos, demandando, por isso, proteção jurídica aos investimentos específicos engendrados em sua vigência. Nas demais espécies familiares, tal como na união estável, por exemplo, nem sempre se verifica uma antecedente e racional decisão pela formação do núcleo familiar, razão pela qual, embora abordados os demais arranjos familiares da atualidade, teve-se de dar especial enfoque ao casamento, não se conferindo menor importância aos demais arquétipos familiares, no entanto.

A abordagem da *Law and Economics* sugere, assim, que a natureza jurídica do casamento como um contrato denota a segurança que a espécie proporciona aos contratantes, máxime no que tange a seus efeitos patrimoniais, tendo em vista assegurar às partes aquilo a que fazem jus na adveniência do divórcio, garantindo-lhes proteção quanto à partilha dos ganhos e das perdas derivados da sociedade conjugal.

A análise econômica da família cujo maior expoente foi o economista Gary Becker, parte do pressuposto de que existe um "mercado de casamento" (metáfora utilizada no contexto) no qual os agentes buscam a formação de pares entre si, intentando maximizar sua utilidade e enfrentando, para tal, as restrições de recursos que se façam presentes. Pode a análise econômica do casamento e do divórcio ser considerada um (ainda) novo campo de estudo para a Análise Econômica do Direito, distinto daqueles mais tradicionais, tais como direito de propriedade e direito contratual. E ficou claro, neste sentido, que a bibliografia específica acerca do tema é ainda escassa no Brasil, principalmente quando comparada ao acervo bibliográfico existente em relação à *Law and Economics* em geral.

As teorias econômicas abordadas foram, principalmente, a Teoria da Sinalização e a Teoria da Assimetria de Informações. Em relação à primeira, verificou-se que essa auxilia na explicação dos processos de escolha do parceiro e do regime conjugal, enfatizando a importância do emprego de custos de informações relativos aos partícipes; ainda, a abordagem apontou que a parca utilização do pacto antenupcial se associa à crença de que este projeta sinais negativos acerca da credibilidade da união, notadamente quando o regime for o da separação de bens. Outrossim, concluiu-se que tal pode decorrer da ignorância quanto à operacionalidade e possível extensão do instrumento pactício, passível de contemplar disposições que não apenas circunscritas à eleição de um regime predeterminado de bens – tal como ocorre na formulação de um regime misto –, ou, ainda, da propensão dos indivíduos a serem otimistas, crendo não incorrerem no risco de virem a se divorciar.

No que diz respeito à Teoria da Assimetria de Informações, a abordagem da seleção adversa e do risco moral são de especial relevo em tal contexto, constituindo-se nas principais falhas que derivam do incompleto ou distorcido acúmulo de informações acerca do consorte. Neste âmbito, verificou-se que os investimentos em "produtos matrimoniais específicos" é diretamente proporcional ao volume de informações partilhadas entre as partes, haja vista que, maior o grau de cooperação entre os agentes, maiores os investimentos realizados na sociedade conjugal.

Neste enfoque, a abordagem relacional do contato de casamento, ancorada nas interações repetidas entre os contratantes e no desenvolvimento de sua cooperação evolutiva, propicia condições mais eficientes para a solução de conflitos conjugais, já que assentado o contrato, afinal, em elos de solidariedade e de reciprocidade, dada a evidente impossibilidade de previsão das possíveis contingências a sucederem nos anos seguintes à avença.

Um dos grandes contributos da análise em voga trata da aplicação do Teorema de Coase na fase da dissolução conjugal. Propõe dito Teorema que, na hipótese de as partes virem a negociar entre si de forma exitosa no âmbito do divórcio, o resultado eficiente será alcançado, independentemente da regra de direito, tendo-se que os custos de transação existentes em tais contextos, passíveis de impedirem a consecução de um acordo, podem tanto ser endógenos ao ordenamento jurídico quanto exógenos – como quando relativos à hostilidade presente na relação contratual.

Em tal perspectiva, destaca-se a mediação familiar, como ferramenta passível de reduzir os custos de transação e viabilizar às partes uma eficiente negociação. No Brasil, o instituto ganhou maior relevo no ano de 2015, com a publicação das Leis n. 13.105/2015 (novo Código de Processo Civil) e n. 13.140/2015, tendo sido a sociedade brasileira, em um mesmo ano, brindada com dois novos instrumentos legais que regem o método, o que contribui de forma calorosa ao estabelecimento do paradigma de pacificação na resolução dos conflitos.

Em relação aos custos endógenos, sua redução aponta para a necessidade de alocação clara e objetiva dos textos legais, a evitar-se os custos de transação derivados do desconhecimento e nebulosidade das regras jurídicas e de sua interpretação.

A *Law and Economics*, portanto, serve como instrumental a prover uma explicação comportamental à escolha racional dos indivíduos pelo casamento, por específicos regimes de bens e pelo divórcio como uma escolha intelectiva, a partir da análise das variáveis de custos e benefícios atribuídos a cada instituto.

Ainda, por viabilizar o estudo da forma como os agentes reagem às normas jurídicas, prevendo, assim, os efeitos das sanções legais sobre o comportamento humano, a abordagem é capaz de sugerir modificações legislativas quando estas redundarem no possível aumento de soluções eficientes em dados contextos, a exemplo das recentes alterações havidas no Divórcio no Brasil.

Assim, tendo-se em vista que o divórcio surge em contexto no qual os custos para manter a união superam os benefícios que dela advêm, este se dá, pois, comumente, em momento no qual os ânimos das partes estão em descompasso, apresentando elas um comportamento beligerante e hostil. Por tal prisma, citou-se a mediação familiar como um exemplo de solução hábil a promover maior harmonia entre os divorciandos, com a finalidade precípua de fazê-los chegar a um acordo por livre e espontânea vontade, reduzindo os custos de transação inerentes à fase da negociação e prezando pela consecução de uma comunhão eficiente de interesses.

A presente obra contou com escassa bibliografia brasileira referente à *Law and Economics* aplicada ao Direito de Família, bem como com a ausência de um significativo volume de trabalhos estrangeiros atinentes à matéria, o que indica ser uma área ainda pouco explorada no Brasil e no mundo. Assim, espera-se que seja o presente trabalho considerado uma pequena porém útil contribuição para o desenvolvimento de futuras pesquisas nesta área, ilustrando, assim, a possibilidade da aplicação da Análise Econômica do Direito a áreas até pouco tempo atrás inimaginadas, tal como o Direito de Família.

Referências

ALMEIDA, Silmara Juny Chinelatto e (org.). *Direito de Família no Novo Milênio:* estudos em homenagem ao professor Álvaro Villaça Azevedo. São Paulo: Atlas, 2010.

ALVES, Jones Figueirêdo. Os celebrantes de escrituras públicas de separação ou de divórcio possuem o direito de o ato notarial ser realizado em segredo de justiça, não se permitindo a terceiro, sem interesse jurídico manifesto, o conhecimento acerca dos seus conteúdos? In: COLTRO, Antônio Carlos Mathias; DELGADO, Mário Luiz (coord.). *Separação, Divórcio, Partilha e Inventários Extrajudiciais – Questionamentos Sobre a Lei 11.441/2007*. São Paulo: Método, 2007. p. 285-90.

ARAÚJO, Fernando. *Teoria Econômica do Contrato*. Lisboa: Almedina, 2007. 1340 p.

BALNINOTTO NETO, Giácomo. A Teoria Econômica do Casamento e do Divórcio. In: *Revista da Faculdade de Ciências Econômicas – UFRGS – Análise Econômica*, Porto Alegre/RS, n. 18, p. 125-41, set. 1992.

——. *Notas de Aula*. Disponível em: <http://www.ppge.ufrgs.br/giacomo/arquivos/eco02268/funcao-producao-familiar.pdf>. Acesso em: 21 mar. 2013.

BASTOS, Ísis Boll de Araújo. (Re) Pensando a Família e o Direito de Família: evolução histórica e conceitual. In DA ROSA, Conrado Paulino; THOMÉ, Liane Maria Busnello (Org.). *O papel de cada um nos conflitos familiares e sucessórios*. Porto Alegre: Instituto Brasileiro de Direito de Família (IBDFAM/RS), 2014, p. 180-198.

BECKER, Gary Stanley. *The Economic Approach to Human Behavior*. Chicago: The University Of Chicago, 1976. 294 p.

——. *Tratado Sobre La Familia*. Madrid: Alianza, 1987. 366 p.

BITTENCOURT, Edgard de Moura. *Família*. 5. ed. Campinas: Millennium, 2002. 320 p.

BRAGANHOLO, Beatriz Helena. Casamento civil: regime de bens e seus reflexos patrimoniais e sucessórios. *Revista do CEJ*, Brasília, DF, n. 34, p. 27-34, set. 2006.

BRANDÃO, Débora Vanessa Caús. *Regime de Bens no Novo Código Civil*. São Paulo: Saraiva, 2007. 320 p.

BROWNING, Martin; CHIAPPORI, Pierre-André; WEISS, Yoram. Economics of The Family. New York: Cambridge University Press, 2014.

BRYANT, W. Keith. *The Economic Organization of the Household*. Cambridge: Cambridge University Press, 1990. 276 p.

CAHALI, Yussef Said. *Dos Alimentos*. São Paulo: Revista dos Tribunais, 2009.

——. *Separações Conjugais e Divórcio*. 12. ed. São Paulo: Revista dos Tribunais, 2011. 1086 p.

CANTWELL, William P. Premarital Contracting: Why and When. *HeinOnline – 8 J. Am. Acad. Matrimonial Law.*, p. 45, 1992.

CARDOSO, Fabiana Domingues, *Regime de Bens e Pacto Antenupcial*. São Paulo: Método, 2010. 294 p.

CARVALHO. Dimas Messias De. *Direito de Família*, 2ª ed., Belo Horizonte: Del Rey, 2009.

CARVALHO NETO, Inácio de. Morte presumida como causa de dissolução do casamento. In: *Revista Síntese – Direito de Família*, São Paulo, n. 60, p. 07-11 jun./jul. 2010.

——. O contrato de separação e divórcio consensuais em face da Lei 11.441/2007. In: HIRONAKA, Giselda Maria Fernanda Novaes; TARTUCE, Flávio. *Direito Contratual – Temas Atuais*. São Paulo: Método, 2007. p. 657-82.

CIGNO, Alessandro. *Economics of the Family*. New York: Oxford University Press, 1991. 212 p.

COELHO, Fábio Ulhoa. *Curso de Direito Civil, Família, Sucessões*. 5. ed. São Paulo: Saraiva, 2012. 348 p.

COHEN, Lloyd R. "Marriage: The long-term contract". In: DNES, Antony W.; COHEN, Lloyd R. Marriage. Divorce, and Quase Rents; or, "I gave him the Best years of my life". *HeinOnline* – 16 J., Legal Stud., p. 267, 1987.

COOTER, Robert; ULLEN, Thomas. *Direito e Economia*. 5. ed. Porto Alegre: Bookman, 2010. 538 p.

CRUZ, Eduardo Felix da. *Os Efeitos do Divórcio Perante os Contratos de Financiamento Habitacional*. Disponível em: <http://jus.com.br/revista/texto/17572/os-efeitos-do-divorcio-perante-os-contratos-de-financiamento-habitacional>. Acesso em: 24 set. 2014.

DIAS, Maria Berenice. *Conversando Sobre Alimentos*. Porto Alegre: Livraria do Advogado, 2006.

——. *Manual de Direito das Famílias*. 8. ed. São Paulo: Revista dos Tribunais, 2011. 677 p.

——. Da separação e do divórcio. In: DIAS, Maria Berenice; PEREIRA, Rodrigo da Cunha (coord.). *Direito de Família e o Novo Código Civil*. Belo Horizonte: Del Rey, 2005. p. 61-82.

DINIZ, Maria Helena. *Curso de Direito Civil Brasileiro – Direito de Família*. 27. ed. São Paulo: Saraiva, 2012.

——. *Comentários ao Código Civil*: parte especial: disposições finais e transitórias (arts. 2.028 a 2.046). São Paulo: Saraiva, 2003.

——. Impacto do regime matrimonial de bens nas relações empresariais. Disposições gerais dos regimes de bens e pacto antenupcial. In: FUJITA, Jorge Shchiguemitsu; SIMAO, José Fernando; ZUCCHI, Maria Cristina (coord.). *Direito de Família no Novo Milênio*. São Paulo: Atlas, 2010. p. 277.

ERMISCH, JOHN F. *An Economic Analysis of The Family*. United Kingdom: Princeton, University Press, 2003. 271 p.

EVARTS, Richards W. *Comparative Costs and Benefits of Divorce Adjudication and Mediation*. Disponível em: <http://www.researchgate.net/publication/230211332_Comparative_costs_and_benefits_of_divorce_adjudication_and_mediation>. Acesso em: 10 maio 2014.

FACHIN, Luiz Edson. *Comentários ao Novo Código Civil, Volume XVIII*: do direito de família, do direito pessoal, das relações de parentesco. Rio de Janeiro: Forense, 2005. 301 p.

FARIAS, Cristiano Chaves de; ROSENVALD, Nelson. *Direito das Famílias*. 2. tiragem. Rio de Janeiro: Lúmen Júris, 2009. 727 p.

——. Disposições gerais dos regimes de bens e pacto antenupcial. In: FUJITA, Jorge Shchiguemitsu; SIMAO, José Fernando; ZUCCHI, Maria Cristina (coord.). *Direito de Família no Novo Milênio*. São Paulo: Atlas, 2010. p. 183-99.

FERRARINI, Letícia. *Famílias Simultâneas e Seus Efeitos Jurídicos* – Pedações da Realidade em Busca da Dignidade. Porto Alegre: Livraria do Advogado, 2010, 143 p.

FREITAS, Douglas Phillips. Partilha e sucessão das quotas empresariais. In: FREIRAS, Douglas Phillips; BARBOSA, Eduardo Lemos (coord.). *Direito de Família nas Questões Empresariais..*

FRIEDMAN, David D. *Price Theory*. Chicago: South-Western Publishing Co., 1986, 549 p.

GAGLIANO, Pablo Stolze. A nova Emenda do Divórcio: primeiras reflexões. In: *Revista Síntese – Direito de Família*, São Paulo, n. 61, p. 86-99, ago./set. 2010.

——; PAMPLONA FILHO, Rodolfo. *Novo Curso de Direito Civil*: Direito de Família – As famílias em perspectiva constitucional. 2. ed. São Paulo: Saraiva, 2012. 773 p.

GALATI, Laercio. Modificação do regime de bens entre os cônjuges. *Revista de Direito Privado*, São Paulo, Revista dos Tribunais, n. 23, p. 234-42, jul./set. 2005.

GAMA, Guilherme Calmon Nogueira da. A função Social da Família e a jurisprudência brasileira. In: MADALENO, Rolf; MILHORANZA, Mariângela Guerreiro (coord.). *Atualidades do Direito de Família e Sucessões*. Sapucaia do Sul: Notadez, 2008. p. 115-37.

GICO JUNIOR, Ivo. Introdução ao Direito e Economia. Direito e Economia no Brasil. In: TIMM, Luciano Benetti (org.). *Direito e Economia no Brasil*. São Paulo: Atlas, 2012. p. 01-33.

GIORGIS, José Carlos Teixeira. Notas sobre a Guarda Compartilhada. *Revista Síntese – Direito de Família*, Porto Alegre, n. 61, p. 64-99, ago./set. 2010.

GIRGIS, Sherif; GEORGE, Robert P.; ANDRESON, Ryan T. *What is Marriage?* Disponível em: <http://papers.ssrn.com/sol3/papers.cfm?abstract_id=1722155>. Acesso em: 03 nov. 2014.

GOMES, Orlando. *Direito de Família*. 10. ed. Rio de Janeiro: Forense, 1998. 474 p.

GOMES FERREIRA, Cristiana Sanchez. A desconsideração da personalidade jurídica na partilha de bens conjugais sob o viés da Law and Economics. In *O Direito do lado esquerdo do peito – ensaios sobre direito de família e sucessões*. DA ROSA, Conrado Paulino; THOMÉ, Liane Busnello. (Coord.). Porto Alegre: Instituto Brasileiro de Direito de Família (IBDFAM/RS), 2014, p. 223-236.

──. Análise Econômica dos Institutos do Casamento e do Divórcio. Disponível em http://escholarship.org/uc/item/4rv798cf#page-1. Acesso em 01. Fev. 2013.

GONÇALVES, Carlos Roberto. *Direito Civil Brasileiro – Direito de Família*. São Paulo: Saraiva, 2011. 728 p.

GRISARD FILHO, Waldyr. Famílias reconstituídas: novas relações depois das separações: parentesco e autoridade parental. *Revista IOB de Direito de Família*, São Paulo, v. 9, n. 47, p. 30-45, abr./maio 2008..

──. Pensão compensatória: Efeito econômico da ruptura convivencial. In: *Revista Síntese – Direito de Família*, São Paulo, n. 69, p. 117-38, dez./jan. 2012.

GROSSBARD, Shoshana. *How "Chicagoan" are Gary Becker´s Economic Models of Marriage?* Disponível em: <http://ideas.repec.org/p/ces/ceswps/_2637.html>. Acesso em: 31 out. 2012.

HAUPT, Erika L. For Better, For Worse, For Richer, For Poorer: Premarital Agreement Case Studies. *HeinOnline – 37 Real Prop. & Tr. J.*, p 29, 2002-2003.

LECKEY, Robert. Relational contract and other models of marriage. *HeinOnline – 40 Osgoode Hall L.J.* 1 2002.

LERMAN, Robert I. Economic perspectives on marriage: causes, consequences and public policy. In *Research Handbook on the Economics of Family Law*. COHEN, Lloyd R.; WRIGHT, Joshua D. (Edit.). Northampton: Edward Elgar, 2013, p. 72-95.

LOBBO, Paulo Luiz Netto. *Divórcio*: alteração constitucional e suas consequências. Disponível em: <http://www.ibdfam.org.br/novosite/artigos/detalhe/629>. Acesso em: 03 set. 2014.

LOPES, Wanessa Kelly Pinheiro. Abordagem Constitucional sobre o Princípio da Igualdade dos Conjuges no Casamento Civil. Disponível em <http://www.ambito-juridico.com.br/site/?n_link=revista_artigos_leitura&artigo_id=6583&revista_caderno=14>. Acesso em 02/05/2014.

LUZ, Valdemar P. da. Dissolução do Casamento – Separação e Divórcio Judicial e Extrajudicial (Dissolução por Escritura Pública) – Lei nº 11.441, de 04.01.07. Florianópolis: Conceito Editorial, 2007. 165 p.

MACNEIL, Ian. *The Relational Theory of Contract:* selected works of Ian MacNeil – Edited.

MADALENO, Rolf Hanssen. A crise conjugal e o colapso dos atuais modelos de regime de bens, *Revista Brasileira de Direito das Famílias e Sucessões*, Porto Alegre, v. 13, n. 25, p. 5-32, dez. 2011/jan. 2012.

──. Separação extrajudicial e fraude. In: COLTRO, Antônio Carlos Mathias; DELGADO, Mário Luiz (coord.). *Separação, Divórcio, Partilha e Inventários Extrajudiciais – Questionamentos Sobre a Lei 11.441/2007*. São Paulo: Método, 2007. p. 239-51.

──. *Curso de Direito de Família*. 4. ed. Rio de Janeiro: Forense, 2008. 1211 p.

——. O direito adquirido e o regime de bens. *Revista Jurídica*, Porto Alegre, v. 348, p. 27-52, out. 2006.

——. Escritura pública como prova relativa de união estável. Disponível em: < http://www.rolfmadaleno.com.br/novosite/conteudo.php?id=41>. Acesso em 10 mai 2015.

MAHAR, Heather. *Why There Are So Few Prenuptial Agreements?* Disponível em: <http://www.law.harvard.edu/programs/olin_center/papers/pdf/43-6.pdf>. Acesso em 15 mar. 2014.

MALHEIROS FILHO, Fernando. A sub-rogação no regime da comunhão parcial de bens. In: PEREIRA, Sérgio Gischkow; MILHORANZA, Mariângela Guerreiro (coord.). *Direito Contemporâneo de Família e das Sucessões (Estudos em Homenagem aos 20 anos de Docência do Professor Rolf Madaleno)*. Rio de Janeiro: GZ, 2009. p. 63-73.

MARGULIES, Sam. The Psycology of Prenuptial Agreements. *HeinOnline – 31 J. Psychiatry & L.*, p. 415, 2003.

MARODIN, Marlene; BREITMAN, Stella. A prática da moderna mediação: integração entre a psicologia e o direito. In ZIMERMAN, D. e COLTRO, A. C. M. *Aspectos psicológicos na prática jurídica*. (471-488) Campinas: São Paulo, Millennium, p. 471-488.

MARTINS-COSTA, Judith. *A boa-fé no direito privado*. São Paulo: Revista dos Tribunais, 1999.

McKENZIE, Richard B.; TULLOCK, Gordon. *La Nueva Frontera de La Economia*. Madrid: Espasa-Calpe, 1980. 386 p.

MELLO, Marcos Bernardes de. *Teoria do Fato Jurídico:* plano da existência. 12. ed. São Paulo: Saraiva, 2003. 258 p.

——. *Teoria do Fato Jurídico:* plano da validade. 6. ed. São Paulo: Saraiva, 2004. 280 p.

MERRILL, Jacqueline Pfeffer. *An Economist´s View of Marriage*. Disponível em: <http://link.springer.com/article/10.1007/s12115-010-9316-4?no-access=true>. Acesso em: 05 nov. 2012.

MIRANDA, Pontes de. *Tratado de Direito Privado*. Tomo 7. Campinas: Bookseller, 2000. 592 p.

——. ——. Tomo 8. Campinas: Bookseller, 2000. 530 p.

——. ——. Tomo 46. Campinas: Bookseller, 2006. 751 p.

MNOOKIN, Robert H. Divorce. In: NEWMAN, Peter (Edited by). *The New Palgrave Dictionary Of Law and Economics*. New York: Grove's Dictionaries, 1998. p. 639-44.

MOLHO, Ian. *The Economics of Information – Lying and Cheating in Markets and Organizations*. USA: Blackwell Publishers, 1997. 262 p.

MOLINARI, Fernanda; MARODIN, Marilene. A Mediação em Contextos de Alienação Parental: O papel do Mediador e dos Mediandos. In DA ROSA, Conrado Paulino; THOMÉ, Liane Maria Busnello (Org.). *O papel de cada um nos conflitos familiares e sucessórios*. Porto Alegre: IBDFAM/RS, 2010, p. 155-166.

MONTEIRO, Washington de Barros. *Curso de Direito Civil:* direito de família. São Paulo: Saraiva. 368 p.

——; MALUF, Alberto Dabus; DA SILVA, Regina Beatriz Tavares. *Curso de Direito Civil 5:* direito das obrigações, 2ª parte. São Paulo: Saraiva, 2010. 641 p.

MOREIRA, Cínthia Lopes. Apontamentos sobre o pacto antenupcial. *Revista de Direito Imobiliário*, São Paulo, v. 31, n. 65, p. 30-8, jul./dez. 2008.

MOTTA, Carlos Dias. *Direito Matrimonial e seus Princípios Jurídicos*. São Paulo: Revista dos Tribunais, 2009. 432 p.

MURRAY, Melissa. *Marriage as Punishment*. Disponível em: <http://papers.ssrn.com/sol3/papers.cfm?abstract_id=1952311>. Acesso em: 03 nov. 2014.

NADER, Paulo. *Curso de Direito Civil – Contratos*. 5. ed. Rio de Janeiro: Forense, 2010. 583 p.

OLIVEIRA, Euclides. Do Casamento. In: DIAS, Maria Berenice; PEREIRA, Rodrigo da Cunha (coord.). *Direito de Família e o Novo Código Civil*. 4. ed. Belo Horizonte: Del Rey, 2005. p. 21-6.

——. *Separação ou Divórcio? Considerações sobre a EC. 66*. Disponível em: <http://www.ibdfam.org.br/novosite/artigos/detalhe/682>. Acesso em: 01 set. 2014.

ORSELLI, Helena de Azeredo. Reflexões acerca do direito fundamental do filho à convivência com o genitor que não detém sua guarda. In: *Revista Síntese – Direito de Família*, São Paulo, n. 63, p. 07-23, dez./jan. 2011.

PAIVA, João Pedro Lamana; BURTET, Tiago Machado. Regime de bens: aspectos registrais. *Revista de Direito Imobiliário*, São Paulo, v. 29, n. 60, p. 38-53, jan./jun. 2006.

PARADA, Deise Maria Galvão. Alguns efeitos da separação de fato dos cônjuges. In: *Revista Síntese – Direito de Família*, São Paulo, n. 60, p. 92-5, jun./jul. 2010.

PASSARELLI, Luciano Lopes. Possibilidade di registro de escritura de pacto antenupcial em que os cônjuges, devendo casar sob o regime da separação obrigatória de bens, estipularam a possibilidade de doação, alienação e transferência de bens entre si (jurisprudência comentada). *Revista IOB de Direito de Família*, São Paulo, v. 9, n. 49, p. 213-20, ago. 2008.

PEREIRA, Caio Mário da Silva. *Contratos*. 12. ed. Rio de Janeiro: Forense, 2006. 590 p.

——. *Instituições de Direito Civil*: direito de família. 20. ed. Rio de Janeiro: Forense, 2012. 609 p.

——. *Instituições de Direito Civil* – v. IV – Direitos Reais. Rio de Janeiro: Forense, 2006.

PEREIRA, Rodrigo da Cunha. *Divórcio*: teoria e prática. 3. ed. Rio de Janeiro: GZ ed., 2011. 361 p.

PEREIRA, Sérgio Gischkow. A influência da culpa nos alimentos entre cônjuges e na união estável. In: MADALENO, Rolf; MILHORANZA, Mariângela Guerreiro. *Atualidades do Direito de Família e Sucessões*. Sapucaia do Sul: Notadez, 2008. p. 442.

——. *Direito de Família*: aspectos do casamento, sua eficácia, separação, divórcio, parentesco, filiação, regime de bens, alimentos, bem de família, união estável, tutela e curatela. Porto Alegre: Livraria do Advogado Editora, 2007. 231 p.

——. Regimes de bens. *Revista dos Tribunais on line*. Disponível em: <http://www.revistadostribunais.com.br/maf/app/resultList/document?&src=rl&srguid=i0ad8181500000139306 05d96b100ba37&docguid=I341924a0f25111dfab6f010000000000&hitguid=I341924a0f25111d fab6f010000000000&spos=12&epos=12&td=79&context=&startChunk=1&endChunk=1#>. Acesso em: 10 ago. 2014.

PORTO, Antônio José Maristrello; GRAÇA, Guilherme Mello. Análise Econômica do Direito – Caderno de Graduação da Fundação Getúlio Vargas – 2013.2.

POSNER, Richard. The Rights Of Creditors on Affiliated Corporations. In: *The University of Chicago Law Review*, v. 43, 1976.

PRICE, Joseph. Is it just about love? Fctors that influence marriage. In *Research Handbook on the Economics of Family Law*. COHEN, Lloyd R.; WRIGHT, Joshua D. (Edit.). Northampton: Edward Elgar, 2013, p. 1-13.

REALE JÚNIOR, Miguel; COSTA, Judith Hofmeister Martins. Casamento sob o regime da separação total de bens, voluntariamente escolhido pelos nubentes. Compreensão do fenômeno sucessório e seus critérios hermenêuticos. A força normativa do pacto antenupcial (parecer). *Revista Trimestral de Direito Civil*: RTCD, Rio de Janeiro, v. 6, n. 24, p. 205-28, out. 2005.

RIZZARDO, Arnaldo. *Contratos*. 12. ed. Rio de Janeiro: Forense, 2011. 1436 p.

——. *Direito de Família*. 8. ed. Rio de Janeiro: Forense, 2011. 944 p.

ROBLES, Tatiana. *Mediação e Direito de Família*. São Paulo: ícone, 2009. 121 p.

RODRIGUES, Felipe Leonardo. *Dos Regimes de Bens e a Possibilidade de Celebrar o Regime Híbrido no Pacto Antenupcial*. Disponível em: <http://tabellios.blogspot.com.br/2008/10/dos-regimes-de-bens-e-possibilidade-de.html>. Acesso em: 15 ago. 2012.

RODRIGUES, Silvio. *Direito Civil*: direito de família. 28. ed. rev. atual. por Francisco José Cahali. São Paulo: Saraiva, 2004. 433 p.

RODRIGUES, Vasco. *Análise Econômica do Direito – Uma Introdução*. Coimbra: Almedina, 2007. 243 p.

RODRIGUES JÚNIOR, Walsir Edson. Eficácia do regime de bens no casamento e na união estável. *Revista de Direito Imobiliário*, São Paulo, v. 34, n. 70, p. 417-48, jan./jun. 2011.

ROMITA, Arion Sayão. Os aquestos no regime da separação obrigatória de bens. *Revista de Direito do Tribunal de Justiça do Rio de Janeiro*, Rio de Janeiro, n. 84, p. 79-91, jul./set. 2010.

ROSA, Conrado Paulino da. *iFamily: um novo conceito de família?* São Paulo: Saraiva, 2013.

——. *Nova lei da guarda compartilhada.* São Paulo: Saraiva, 2015.

ROWTHORN, Robert. Marriage as a signal. In: DNES, Antony W.; WOWTHORN, Robert (edit.). *The law and Economics of Marriage and Divorce.* Cambridge: Cambridge Press, 2002. p. 132-57.

SEBASTIÃO, Jurandir. O regime de bens de participação final nos aquestos (art. -1672 a art-1686 do código civil de 2002). Adv: Seleções Jurídicas, São Paulo, coad, p. 1-5, nov. 2004.

SHIKIDA, P. F. A. A. A economia e a formação de casais: evidências empíricas sobre anunciantes que procuram parceiros (as). *Tempo da Ciência – Revista de Ciências Sociais e Humanas*, Cascavel (PR), v. 5, n. 9, p. 89-98, jan./jun. 1998.

SILVA, Clóvis do Couto e. *A Obrigação como Processo.* Rio de Janeiro: FGV, 2006. 176 p.

SILVA, Alt. Daniel da. Autonomia Privada: uma faceta a serviço das famílias simultâneas. In DA ROSA, Conrado Paulino; THOMÉ, Liane Maria Busnello (Org.). *O Direito do lado esquerdo do peito – ensaios sobre direito de família e sucessões.* Porto Alegre: Instituto Brasileiro de Direito de Família do Rio Grande do Sul (IBDFAM/RS), 2014, p. 167-183.

SILVA, Regina Beatriz Tavares da. *A Emenda Constitucional do Divórcio.* São Paulo: Saraiva, 2012. 126 p.

SION, Michael. *Money And Marriage:* How to Choose a Financially Compatible Spouse. Disponível em: <http://www.aier.org/sites/default/files/publications/EB201012.pdf>. Acesso em: 09 mar. 2014.

SMITH, Ian. *The Law and Economics of Marriage Contracts.* Disponível em: <http://papers.ssrn.com/sol3/papers.cfm?abstract_id=416650>. Acesso em: 22 nov. 2014.

SPENCE, Michael. Job Market Signaling. *The Quartely Journal of Economics*, v. 87, Issue 3, p. 355-74, ago. 1973.

STAJN, Rachel; ZYLBERSZTAJN, Decio; AZEVEDO, Paulo Furquim de. Economic dos Contratos. In ZYLBERSZTAJN, Decio; STAJN, Rachel (org.). *Direito e Economia – Análise Econômica do Direito e das Organizações.* Rio de Janeiro: Elsevier, 2005. p. 102-36.

SZUCHMAN, Paula; ANDRESON, Jenny. *Spousonomics – Use a economia para lidar melhor com seus relacionamentos.* Rio de Janeiro: Elsevier, 2011. 262 p.

TARTUCE, Flávio. A usucapião especial urbana por abandono de lar conjugal. In: *Revista Síntese – Direito de Família*, São Paulo, n. 71, p. 16-8, abr./maio 2012.

——; SIMÃO, José Fernando. *Direito Civil – Direito de Família.* 7. ed. São Paulo: Método, 2012. 540 p.

——; GUARISSE, João Francisco Menegol. Análise Econômica dos contratos. In: TIMM, Luciano Benetti (org.). *Direito e Economia no Brasil.* São Paulo: Atlas, 2012. p. 158-79.

THOMÉ, Liane Maria Busnello; CRESCENTE, Mateus Gasparotto. A união homossexual e a omissão legislativa acerca do seu reconhecimento no Direito Brasileiro. In DA ROSA, Conrado Paulino; THOMÉ, Liane Maria Busnello (Org.). *O papel de cada um nos conflitos familiares e sucessórios.* Porto Alegre: Instituto Brasileiro de Direito de Família (IBDFAM/RS), 2014, p. 247-258.

TOMASI, César; MARIN, Jeferson. Aspectos controvertidos da Lei de Alimentos Gravídicos (Lei n. 11.804/2008). In: *Revista Síntese – Direito de Família*, São Paulo, n. 68, p. 93-109, out./nov. 2011.

ULEN, Thomas S. *Rational Choice Theory in Law and Economics.* Disponível em: <http://encyclo.findlaw.com/0710book.pdf>. Acesso em: 02 nov. 2014.

VENOSA, Sílvio de Salvo. Contratos Afetivos: o temor do amor. *Revista Magister de Direito Civil e Processual Civil*, Porto Alegre, v. 8, n. 44, p. 82-4, set./out. 2011.

——. *Direito Civil:* direito de família. 12. ed. São Paulo: Atlas, 2012. 512 p.

——. *Direito Civil:* direitos reais. São Paulo: Atlas, 2011. 464 p.

WALD, Arnoldo. *O Novo Direito de Família*. 13. ed. São Paulo: Saraiva, 2000. 712 p.

WOLF, Karin. O regime de separação de bens e a prova do esforço comum na aquisição do patrimônio (jurisprudência comentada). *Revista Brasileira de Direito de Família e Sucessões*, Porto Alegre, v. 9, n. 1, p. 52-77, dez. 2007.

ZELDER, Martin. Inefficient Dissolutions As a Consequence of Public Goods: The Case of No-Fault Divorce. *HeinOnline – 22 J.*, Legal Stud., p. 503, 1993.

ZULIANI, Ênio Santarelli. Alimentos. In: *Revista Síntese – Direito de Família*, São Paulo, n. 63, p. 93-126, dez./jan. 2011.

WOWTHORN, Robert (edit.). *The Law and Economics of Marriage and Divorce*. Cambridge: Cambridge Press, 2002. p. 10-34.

Impressão:
Evangraf
Rua Waldomiro Schapke, 77 - POA/RS
Fone: (51) 3336.2466 - (51) 3336.0422
E-mail: evangraf.adm@terra.com.br